Johannes Wahl

Englisch kompaktWissen

5 – 10

Grammatik

Klett Lerntraining

Bibliografische Information der Deutschen Bibliothek
Die Deutsche Bibliothek verzeichnet diese Publikation in der Deutschen Nationalbibliografie; detaillierte bibliografische Daten sind im Internet über http://dnb.ddb.de abrufbar.

Hinweis: Die in diesem Buch enthaltenen Videos sind Klett Lerntraining von sofatutor.com zur Verfügung gestellt worden und im Preis dieses Produktes enthalten. Sofatutor.com ist die größte Lern-Video-Plattform in Deutschland. Alle anderen auf ihr enthaltenen Lern-Videos sind gebührenpflichtig.
Der Zugriff auf die Videos ist gewährleistet bis 2015.

Bildnachweis:
Umschlagfoto: Corbis (Jack Hollingsworth), Düsseldorf.
Umschlag Innenteil: Corbis (Hardy), Düsseldorf;
laif (Matt Shonfeld), Köln.

Auflage 4. 3. 2. 1. | 2013 2012 2011 2010
Die letzten Zahlen bezeichnen jeweils die Auflage und das Jahr des Druckes.
Dieses Werk folgt der neuesten Rechtschreibung und Zeichensetzung. Ausnahmen bilden Texte, bei denen künstlerische, philologische oder lizenzrechtliche oder andere Gründe einer Änderung entgegenstehen.

www.klett.de/lernhilfen
Produktsteuerung: Sandra Meyer
Redaktion: Linda Strehl
Umschlaggestaltung: Sabine Kaufmann, Stuttgart
Satz: GreenTomato GmbH, Stuttgart
Druck: AZ Druck und Datentechnik GmbH, Kempten
Printed in Germany
ISBN: 978-3-12-926036-4

INHALT

INHALT

INHALT

Alle Lernvideos auf einen Blick

INHALT

Vorwort

Hallo liebe Schülerin, hallo lieber Schüler!

Dieses Buch ist rundum **PRAKTISCH**: Es ist klein und handlich, sehr übersichtlich aufgebaut und es erklärt dir leicht verständlich die **ENGLISCHE GRAMMATIK**.

Außerdem erhältst du mit diesem Buch einen kostenlosen Zugang zu **20 LERN-VIDEOS!**
Immer, wenn du im Buch dieses Sofa siehst, kannst du dir zu einem bestimmten Thema online ein Video anschauen. (In der vorderen Klappe wird genau erklärt, wie du zu den Videos gelangst.)

So einfach ist das Buch aufgebaut:

1. Jedes Kapitel beginnt mit einem **QUICK-FINDER**.
   Die Quick-Finder sind extra Inhaltsverzeichnisse für jedes Kapitel. Hier findest du schnell und gezielt, was du suchst.

2. Jedes grammatische Thema wird anhand von Regeln und **VIELEN BEISPIELEN** erklärt. So werden auch die schwierigsten Themen leicht verständlich.

3. Außerdem gibt es zahlreiche **TIPPS VOM LEHRER!**
   Denn nur ein Lehrer weiß genau, wie's geht!

Wir wünschen dir viel Erfolg mit deiner neuen Grammatik!
Dein Klett-Lerntraining-Team

1 Substantive, Artikel und Pronomen

QUICK-FINDER

1.1 Substantive

Die Pluralbildung

Regelmäßiger Plural

Regel: Bei den meisten Substantiven wird der Plural gebildet, indem man ein *s* an die Singularform anhängt.

Beispiele:	
Singular	**Plural**
school park	schools parks

Regel: Bei Zischlauten im Auslaut des Singulars (*-s*, *-z*, *-x*, *-sh* oder *-ch*) wird der Plural mit *-es* geschrieben. Die Aussprache ist stimmhaft.

Beispiele:	
Singular	**Plural** [ɪz]
class box watch bush	classes boxes watches bushes

Regel: Endet der Singular auf *-f*/*-fe*, verändert sich neben der Aussprache auch die Schreibweise der Grundform.

Beispiele:	
Singular	**Plural** [vz]
shelf thief wife knife	shelves thieves wives knives

Regel: Ein *-y* am Ende des Singulars wird im Plural zu *-ies*.

Beispiele:	
Singular	**Plural**
family sky	families skies

Die **Aussprache** des Plural-*s*-Lautes richtet sich danach, ob der letzte Laut des Singulars stimmhaft oder stimmlos ist:

- Nach stimmlosen Konsonanten *(p, t, k)* wird das *-s* im Plural [s] ausgesprochen. Du erkennst stimmlose Konsonanten daran, dass sie härter klingen als stimmhafte.
- Nach weicher klingenden, stimmhaften Konsonanten *(d, g, l, m, n)* im Auslaut des Singulars wird das *-s* im Plural [z] ausgesprochen.

Beispiele:	
stimmloser Auslaut	**stimmhafter Auslaut**
book + s ➤ books [ks] street + s ➤ streets [ts] map + s ➤ maps [ps]	girl + s ➤ girls [lz] farm + s ➤ farms [mz] road + s ➤ roads [dz]

- Wörter mit einem stummen *-e* am Ende des Singulars erhalten im Plural ebenfalls stimmhafte Aussprache.

Beispiele:	
Singular	**Plural** [ɪz]
village house	villages houses

Nach **Vokalen im Auslaut** wird das Plural *-s* ebenfalls stimmhaft ausgesprochen, z.B. *bananas* [z], *days* [z].

Unregelmäßiger Plural

Es gibt eine Reihe von Substantiven, die nicht den genannten Regeln folgen. Bei diesen Pluralformen ist sowohl die Rechtschreibung als auch die Aussprache besonders zu beachten.

Beispiele:

Singular	Plural
man [mæn]	men [men]
woman ['wʊmən]	women ['wɪmɪn]
child [tʃaɪld]	children ['tʃɪldrən]
foot [fʊt]	feet [fi:t]
goose [gu:s]	geese [gi:s]
tooth [tu:θ]	teeth [ti:θ]
mouse [maʊs]	mice [maɪs]

Einige wenige Substantive haben die gleiche Form im Singular und im Plural.

Beispiele:

Singular	Plural
a sheep	In Ireland I saw many **sheep**.
a fish	There were a lot of **fish** in the water.
a fruit	Some **fruit** you have to peel before you can eat them, e.g. bananas.
an aircraft	Four **aircraft** were standing on the field.

Besonders wichtig: Der Plural der Substantive auf *-o*

Substantive auf *-o* bilden den Plural entweder mit *-s* oder mit *-es*. Am besten lernst du sie jeweils auswendig.

Substantive, die den Plural mit der Endung *-os* bilden, sind:

Singular	Plural
photo	photos
radio	radios
piano	pianos
kilo	kilos

Substantive, die den Plural auf *-es* bilden, sind:

Singular	Plural
potato	potatoes
tomato	tomatoes
echo	echoes
hero	heroes
negro	negroes

Bei manchen Substantiven sind beide Schreibweisen möglich.

Singular	Plural
mosquito	mosquito(e)s
tornado	tornado(e)s
volcano	volcano(e)s

Nicht zählbare Substantive

Eine Anzahl von Substantiven bezeichnet Sachverhalte oder Dinge, die nicht zählbar sind. Für diese gibt es **keine Pluralformen**.

Möchte man die Menge genauer beschreiben, muss man sich mit Angaben wie *some, little, a piece of, a bit of, a bottle of* etc. behelfen.

Beispiele:	
advice	My father gave me some **advice**.
evidence	The police had three **pieces of evidence**.
food	Some people say that British **food** is awful.
furniture	Our **furniture** is very old.
hair	Your **hair** is in a mess.
homework	We've got **a lot of homework** in Chemistry.
informa-tion	They had **no information** about the football results.
progress	Obama's reforms are making **little progress**.
water	Could you give me a **bottle of water**, please?

Achtung: Es gibt Substantive, die im Singular stehen, aber trotzdem ein Verb im Plural erfordern.

Beispiele:	
So far the **police have** three suspects for the murder.	*Bisher hat die Polizei drei Verdächtige für den Mord.*
Unfortunately the **staff are** on strike.	*Leider ist das Personal im Streik.*

Paarwörter *(trousers, glasses)*

Alle Substantive, die nach englischem Verständnis aus **zwei Teilen zusammengesetzt** sind, wie z. B. zwei Hosenbeine bei einer Hose, können nur in einer Pluralform verwendet werden.

Beispiele:
She threw away her old **jeans**.
He only wore **shorts** when I saw him on the beach.
My **tights** are too tight!

Regel: Wenn du von mehr als einer Hose etc. sprechen willst, musst du vor *jeans, pants, pyjamas, shorts, tights, trousers* eine Angabe wie *a/one, two/three pairs of* ergänzen.

Beispiele:
Paula bought three **pairs of jeans**.
"Which **pair of shorts** shall I put on?" Robert asked.

Dies gilt für alle Dinge, die aus zwei gleichen Teilen bestehen.

Beispiele:

Singular	Plural
These **sunglasses** were cheap. *Diese Sonnenbrille war billig.*	These two **pairs of sunglasses** were expensive. *Diese zwei Sonnenbrillen waren teuer.*
The **scissors** are sharp. *Die Schere ist scharf.*	Four **pairs of scissors** are lying on the table. *Vier Scheren liegen auf dem Tisch.*

Der Genitiv

Lern-Video
www.sofatutor.com/klett/4m

Der *'s*-Genitiv

Regeln:

- Bei **Personen** (und häufig auch Tieren) wird der Genitiv im Singular durch ein *s* mit Apostroph angezeigt.

Beispiele:
Jill's friend told her that he didn't love her any more.
The **dog's** barking scared the postman.

- Dies gilt auch für die unregelmäßigen Pluralformen.

Beispiele:
The **children's teacher** is Miss Jones.
The **men's toilet** was closed.

- Bei den regelmäßigen Pluralformen auf *-s* wird nur noch ein Apostroph angefügt.

Beispiele:
The **Chungs' restaurant** is in Chinatown.
The **politicians' meeting** had no result.

- **Orts- und Zeitangaben** können ebenfalls mit dem *'s*-Genitiv verwendet werden. Bei Ortsangaben, die etwa eine Arztpraxis, ein Geschäft oder das Zuhause von jemandem angeben, lässt man das zugehörige Substantiv wie *flat*, *shop* oder *house* weg.

Beispiele:
I was at the **dentist's**, so I couldn't come to school.
Did you enjoy the party at **Alan's**?
We spent our **last year's** holiday in the USA.

Der *of*-Genitiv
Regel: Bei Sachen wird der Genitiv mit einer of-phrase gebildet.

Beispiele:
Big Ben is in the **centre of London.**
After his victory he opened a **bottle of champagne.**
This is the **end of the world.**

Achtung: Of-phrase und 's-Genitiv können zu einer Art doppeltem Genitiv zusammengefügt werden. In diesem Fall kann die of-phrase auch bei Personen stehen.

Beispiele:	
She is a **friend of Lucy's.** (= one of Lucy's friends.)	*Sie ist eine (von mehreren) Freundin(nen) von Lucy.*
"Is Paul a **student of yours?**" the professor asked.	*„Ist Paul einer deiner Studenten?", fragte der Professor.*

1.2 Artikel und andere Begleiter

Der bestimmte und unbestimmte Artikel

Der bestimmte Artikel *the*
Der Gebrauch des bestimmten Artikels scheint auf den ersten Blick ziemlich einfach zu sein, da es nur eine Form gibt. Die Verwendung des Artikels gehört jedoch zu den häufigsten Fehlerquellen im Englischen.

Regel: Generell gilt: Nur wenn eine Person oder Sache konkret bezeichnet wird, darf man den bestimmten Artikel verwenden. Das heißt, dass bei allgemeinen Aussagen über Lehrer, Mädchen, Musiker etc. der bestimmte Artikel nicht stehen darf. Nur wenn du eine konkrete Person meinst oder näher definierst – z.B. durch eine of-phrase oder einen Relativsatz –, darf der Artikel stehen.

Beispiele:	
Girls are crazy.	**The girls in my class** are crazy.
Australians are easy-going.	**The Australians I met** in Alice Springs are easy-going.
Greek statues tells us about the past.	**The Statue of Liberty** is one of New York's sights.

Ausnahmen: Wenn eine Aussage über eine ganze Gattung gemacht bzw. *the* mit einem Adjektiv oder einer Nationalität zusammen gebraucht wird, hat der Artikel Pluralbedeutung.

Beispiele:	
Gattung	**The ice-bear** is threatened to become extinct. *Der Eisbär (= alle Eisbären) droht auszusterben.*
the + Adjektiv	**The young** tend to revolt against their parents. *Die Jugend (= alle jungen Leute) neigt dazu, gegen die Eltern zu revoltieren.* **The blind** need our help. *Die Blinden (= blinde Menschen) brauchen unsere Hilfe.*
the + Nationalität (auf *-sh, -ch, -sh*)	**The English** are said to be quite reserved. *Man sagt, dass die Engländer ziemlich zurückhaltend sind.*

Hinweis: Da mit *most* keine konkrete Gruppe identifiziert werden kann, darf im Gegensatz zum Deutschen kein Artikel verwenden werden.

Beispiele:
Most Aboriginals have difficulties in adapting to modern Australian life.
Die meisten Aboriginals haben Schwierigkeiten, sich dem modernen Leben Australiens anzupassen.

Regel: Abstrakte Substantive oder **Stoffbezeichnungen** wie *life, time, luck, money, water, pollution* benennen für sich genommen keinen konkreten Gegenstand, so dass sie ohne Artikel verwendet werden müssen.

Beispiele:
We had bad **luck**! It was raining all the time.
Crime is a big problem in American cities.
Life can be hard sometimes.

Mitunter hängt es vom **Zusammenhang** ab, ob der bestimmte Artikel verwendet werden muss: *School* kann sowohl den Unterricht als auch das konkrete Schulgebäude bezeichnen. Beziehst du dich auf den Unterricht (= die Nutzung des Gebäudes), darfst du den bestimmten Artikel nicht verwenden. Entsprechend verwendet man *university, college, church, hospital, prison.*

Beispiele:	
ohne Artikel	mit Artikel
School has changed over the last 50 years. After **school** I'd like to go to **university**. As a child I went to **church** every Sunday.	**The school** Sarah goes to is in Lancaster Lane. Look! That's **the university**. **The church** was built in Gothic style.

Auch bei *work* und *bed* wird, wenn die Funktion gemeint ist, kein Artikel verwendet.

Beispiele:	
ohne Artikel	mit Artikel
Go to **bed**! My father goes to **work** at 7 in the morning.	Sit down on **the bed**. **The work** I have to to is very hard.

Die Verwendung von **Eigennamen** von Personen, Firmen, Gebäuden oder **geographischen Bezeichnungen** ist eine Wissenschaft für sich, da sehr viele Regeln und Ausnahmen zu beachten sind.

Regeln:

- Grundsätzlich gilt, dass Eigennamen im Singular eher ohne Artikel stehen, während solche im Plural den bestimmten Artikel erfordern. Das trifft auch auf Personennamen zu, selbst wenn diese durch ein Attribut erweitert sind.

Beispiele:	
Singular (ohne *the*)	Plural (mit *the*)
President Kennedy did a lot for minorities. **Poor Emma**'s grandma has died.	**The O'Reillys** have immigrated from Ireland. **The Chicago Bulls** won the match.

- **Gebäude**, die nach Personen (z. B. *Victoria Station* nach *Queen Victoria*) oder Orten (z. B. *Canterbury Cathedral*) benannt sind, werden ohne Artikel gebraucht. Die meisten anderen Gebäude wie Hotels, Theater, Museen etc. haben den bestimmten Artikel bei sich.

Beispiele:	
ohne Artikel	**mit Artikel**
Cambridge University is as famous as **Harvard.** **Buckingham Palace** is in London.	Obama met his guest at **the White House.** **The Hyatt (Hotel)** offers the best comfort.

- Während **Zeitungen** und **Organisationen** den bestimmten Artikel erfordern, bleiben andere **Firmen** wie z. B. Fluggesellschaften unbegleitet.

Beispiele:	
ohne Artikel	**mit Artikel**
Lufthansa cancelled all flights to New York. **Ford** is the second biggest car producer in the US. **Microsoft** had its best result last year.	**"The Sun"** is Britain's most popular tabloid. The English are quite critical towards **the European Union.**

- Bei **geographischen Bezeichnungen** muss man sehr genau hinsehen, denn es gibt leider Fälle mit und ohne Artikel. Pluralformen haben auch hier eher einen Artikel bei sich.

Beispiele:	
ohne Artikel	mit Artikel
Kontinente: **South America** is much bigger than **Europe.**	
Ländernamen im Singular: **Australia** was a colony for prisoners.	**Ländernamen im Plural:** **The Netherlands** border Germany and Belgium.
Staaten: **England** has got a constitutional monarchy. **France** is a country in central Europe.	**Staaten mit *Republic* oder *United*:** **The Czech Republic** was founded at the end of the cold war. **The United Kingdom** consists of England, Scotland, Wales and Northern Ireland.
Städte, Straßennamen, Plätze: **Sydney** is famous for its Opera House. Don't buy anything on **5th Avenue**. It's expensive! You'll find all the theatres around **Times Square**.	

einzelne Berge: **Ayers Rock** is called "Uluru" in the Aboriginal language.	**Gebirge:** **The Olgas** are part of the Australian Red Centre. The glaciers in **the Alps** are melting.
Parks und Seen: **Central Park** is the best place for a rest. What can we do on **Lake Ontario?**	**Flüsse, Kanäle, Meere:** Have you ever seen a steamer on **the Missouri?** People don't use the tunnel underneath **the Channel** as often as a ferry. The tsunami started in **the Indian Ocean.**

- **Zeitangaben, Mahlzeiten** und **Verkehrsmittel** stehen ohne Artikel, sofern sie nicht spezifiziert sind.

Beispiele:	
ohne Artikel	mit Artikel
Monate, Tage, Jahreszeiten: It's cold in **winter.** But it's warm in **May.** School starts on **Monday.**	**näher bestimmte Zeitangaben:** **The winter in 2001** was unusually cold.
Mahlzeiten: What did you have for **breakfast?**	**bestimmte Mahlzeiten:** **The dinner we had on Saturday** was really delicious.
Verkehrsmittel: A lot of children go to school by **bus.**	**bestimmte Verkehrsmittel:** **The bus to London** leaves at 4.30.

Der unbestimmte Artikel *a* bzw. *an*

Der unbestimmte Artikel beschreibt nicht näher bestimmte Personen oder Dinge. Er hat – je nach Anfangslaut des nachfolgenden Wortes – die Form *a* oder *an*.

Regeln:

- Beginnt das folgende Wort mit einem gesprochenen Konsonanten, verwendest du die Form *a*.
- Fängt das nachfolgende Wort mit einem gesprochenen Vokal an, nimmst du *an*.

Beispiele:	
a green apple **a** long hour **a** uniform	**an** apple **an** ice-cream **an** hour

Im Gegensatz zum Deutschen wird der unbestimmte Artikel im Englischen in folgenden Fällen verwendet.

Beispiele:	
Nationalitäten	He must be **an American.** Are you **a German?**
Berufe	Dave's father is **a park ranger.** I'd like to be **a computer scientist.**
Mengen	The tomatoes are 60 cents **a pound.** The melons are two dollars **a piece.**
Zeitangaben	This shop is open 24 hours **a day.** The speed limit is 55 miles **an hour.**
Krankheiten	I've got **a headache.**
nach *quite, such, half, what, as*	It was **such a** good movie! **Half an** hour ago he went home. **What a** surprise!

Some, any und ihre Zusammensetzungen

Lern-Video
www.sofatutor.com/klett/4n

Some und *any* verwendet man bei unbestimmten Mengenangaben. Beide Wörter haben dieselbe Grundbedeutung (etwas, einige, irgendwelche etc.), doch werden sie in ganz unterschiedlichen Zusammenhängen benutzt. Vielfach bleiben sie unübersetzt.

Regeln:

- *Any* steht in Fragen, Verneinungen und Bedingungen.

Beispiele:	
Fragen	Did you buy **any** crisps? *Hast du Chips gekauft?*
Verneinungen	I have**n't** learnt **any** vocabulary. *Ich habe keine Vokabeln gelernt.*
Bedingungen	**If** I meet **any** Americans on my trip, I will ask them about Barack Obama. *Wenn ich auf meiner Reise Amerikaner treffe, frage ich sie nach Barack Obama.*

- *Some* steht in positiven Aussagesätzen und Fragen, die als höfliche Bitte bzw. Angebot zu verstehen sind.

Beispiele:	
positiver Aussagesatz	I'm going to buy **some** new CDs. *Ich werde ein paar neue CDs kaufen.*
höfliche Bitte	Could I have **some** more coffee, please? *Könnte ich noch etwas Kaffee haben?*
Angebot	Would you like **some** fruit, Mark? *Möchtest du etwas Obst, Mark?*

Die **Zusammensetzungen** *somebody/someone, something, somewhere* bzw. *anybody/anyone, anything, anywhere* werden genauso wie die Grundformen *some* und *any* verwendet.

Beispiele:	
Somebody has called me late at night. *Irgendjemand hat mich spät in der Nacht angerufen.*	I can't see **anybody**. *Ich kann niemanden sehen.*
Do you want **something** to drink? *Möchtest du etwas zu trinken?*	Bob hasn't done **anything** against it. *Bob hat nichts dagegen getan.*
May I sleep **somewhere** in your room? *Kann ich irgendwo in deinem Zimmer schlafen?*	Have you seen mum **anywhere**? *Hast du Mama irgendwo gesehen?*

Hinweis: Obwohl nach *somebody, anybody* etc. das Verb im Singular steht, werden die Pronomen, die sich auf diese Zusammensetzungen beziehen, häufig im Plural verwendet.

Beispiel:
If **anybody** needs a ticket, ask **him/them** to come to the exit.

Much, many, a lot of, plenty of, a few, a little

Zu den Substantivbegleitern, die ebenfalls keine genau bestimmbare Angabe über die Menge oder Anzahl machen, gehören auch *much* und *many*. Beide haben dieselbe Grundbedeutung (viel, viele), doch werden sie ganz unterschiedlich gebraucht.

Regeln:

- *Much* steht nur bei Substantiven im Singular, die nicht zählbar sind. Bezieht sich *much* auf ein Verb, so besitzt es meist die Bedeutung „sehr".

Beispiele:
How **much time** did you spend in Wales?
Don't eat so **much cake**!
Did you **like** New York very **much**?

- *Many* verwendet man im Gegensatz zu *much* bei Substantiven, die im Plural stehen und zählbar sind.

Beispiele:
How **many hours** a day do you spend in front of the TV?
I don't like **many songs** from the new CD.
Are there **many boys** in your class?

- *A lot of* steht in positiven Aussagen und kann mit zählbaren und nicht zählbaren Substantiven verwendet werden.

Beispiele:
A lot of pupils go to school without breakfast.
The football match was seen by **a lot of** people.
The foreign secretary passed **a lot of** information to the president.

Vielfach kann *much* und *many* durch *a lot of* ersetzt werden.

Beispiele:
A lot of people = **many** people saw the accident.
Much money = **a lot of** money was spent for nothing.

Achtung: Dies trifft jedoch nicht auf die folgenden Wendungen zu:

as much as/as many as
how much/how many
so much/so many
too much/too many
very much

- *Plenty of* (viel, eine Menge) kann *a lot of* ersetzen, um auszudrücken, dass von etwas mehr als genug vorhanden ist.

Beispiel:
Are there still some rolls at the breakfast buffet? – Oh, there are **plenty of** them.

- *Few* (wenige) und *a few* (ein paar) stehen bei zählbaren Substantiven. *Little* (wenig) und *a little* (ein wenig) begleiten nicht zählbare Dinge oder Personen. Beide Ausdrücke können in allen Satzarten uneingeschränkt verwendet werden.

Beispiele:
Few people survived.
Can you get me **a few** books?
May I have **a little** milk for my coffee?
They made only **little** progress.

Each und *every*

Each und *every* sind sich von ihrer Bedeutung her sehr ähnlich.

Regel: *Every* bezeichnet alle ohne Ausnahme. *Each* hingegen betont jeden Einzelnen aus einer begrenzten Zahl.

Beispiele:	
every	each
Every Saturday the children go swimming. I went there **every** day.	I enjoyed **each** moment. They **each** said what they wanted.

Nur *each* kann in einer of-phrase bzw. ohne Substantiv stehen.

Beispiele:
Manchester United dominated **each** half of the match.
The two rings cost $100 **each**.

1.3 Pronomen

Personalpronomen

Personalpronomen ersetzen Substantive. Sie können sowohl Subjekt als auch Objekt eines Satzes sein. Die englische Sprache unterscheidet daher zwischen einer Subjekt- und einer Objektform.

Beispiel:	
Subjekt	Objekt
I gave Paula a copy of "Lord of the Rings".	Paula gave **me** the new "James Bond" DVD edition.

Formenübersicht:

	Subjektform	Objektform
1. Ps. Sg.	I	me
2. Ps. Sg.	you	you
3. Ps. Sg.	he/she/it	him/her/it
1. Ps. Pl.	we	us
2. Ps. Pl.	you	you
3. Ps. Pl.	they	them

It steht für Dinge oder Tiere ohne Namen. *They* bzw. *them* kann sich sowohl auf Tiere als auch auf Personen beziehen. Alle anderen Pronomen stehen für Personen. *I* wird immer groß geschrieben.

Possessivpronomen und -begleiter

Possessivpronomen können Substantive begleiten, Possessivbegleiter ersetzen Substantive. Beide drücken Besitz oder Zugehörigkeit aus. Je nach Person und Verwendung haben sie unterschiedliche Formen.

Possessivbegleiter

Regel: Possessivbegleiter stehen wie andere Attribute direkt vor dem zu bestimmenden Substantiv.

Beispiele:		
1. Ps. Sg.	my	I can't find **my** keys.
2. Ps. Sg.	your	Are **your** parents at home?
3. Ps. Sg.	his/her/its	I know **his** friends. Sarah met the girls in **her** class. The dog loves **its** food.
1. Ps. Pl.	our	There is **our** neighbour, Mr Burton.
2. Ps. Pl.	your	Becky and Simon, **your** parents are over there.
3. Ps. Pl.	their	Who is Robert's and Mike's tutor? – Mr Jones is **their** tutor.

Lehrer-Tipp: *It's* oder *its, they're* oder *their?*

„Immer wieder gibt es Probleme mit der Schreibung des Possessivbegleiters *its* und der Kurzform *it's* für *it is*. Den Begleiter schreibst du immer ohne Apostroph!

Mein Tipp: Mach die Probe, dann liegst du immer richtig: Ersetze z.B. in dem Satz *Nothing can take it's place* das *it's* durch *it is*: Du siehst, dass diese Form nicht richtig sein kann, denn *Nothing can take it is place* ist Unsinn, es muss also *its* heißen.

Verfahre genauso mit der Kurzform *they're* und dem Possessivbegleiter *their*: *They're (= they are) dog is really cute* ergäbe keinen Sinn, also nimm *their*!"

Herbert Manz, Gymnasiallehrer in Berlin

Possessivpronomen

Regel: Possessivpronomen stehen anstelle eines Substantivs, um Wiederholungen zu vermeiden.

Beispiele:		
1. Ps. Sg.	mine	Is this your book? – Yes, it's **mine.**
2. Ps. Sg.	yours	That's my bike, not **yours**, Tim.
3. Ps. Sg.	his/ hers	Are these her friends? – No, they are **his.** Do you mean Mrs Connor's bag? **Hers** is black.
1. Ps. Pl.	ours	Your parents allowed you to go to the party, but **ours** said no.
2. Ps. Pl.	yours	What about the CDs? Kim and Sarah, are these **yours**?
3. Ps. Pl.	theirs	Our house is bigger than **theirs.**

Reflexivpronomen *(myself, himself)*

Reflexivpronomen beziehen sich auf das Subjekt eines Satzes. Dabei können sie verwendet werden, um

- das Subjekt hervorzuheben (verstärkend), oder
- um eine Handlung auf das Subjekt zurückzubeziehen (reflexiv).

Formenübersicht:

	Sg.	Pl.
1. Ps.	myself	ourselves
2. Ps.	yourself	yourselves
3. Ps.	himself/herself/itself	themselves

Hinweis: Die Pluralformen enden alle auf *-ves*!

Verstärkender Gebrauch

Mit den Reflexivpronomen kann das Subjekt eines Satzes besonders hervorgehoben werden. Im Deutschen verwenden wir in diesem Zusammenhang **selbst**, **selber** oder **allein**.

Beispiele:	
The tourist group met the astronaut Neil Armstrong **himself**.	*Die Touristengruppe traf den Astronauten Neil Armstrong selbst.*
I have done the washing-up **myself**.	*Ich habe den Abwasch ganz allein gemacht.*
I can't help you at the moment. Do it **yourselves**, children!	*Ich kann euch im Moment nicht helfen. Macht es allein/selber, Kinder!*

Reflexiver Gebrauch

Wenn Subjekt und Objekt identisch sind, können Reflexivpronomen dazu verwendet werden, das Objekt auf das Subjekt zurückzubeziehen. Im Deutschen steht in diesen Fällen **mich, dich, sich ... (selbst)**.

Beispiele:	
Have you cut **yourself**?	*Hast du dich (selbst) geschnitten?*
He saw **himself** in the mirror.	*Er sah sich selbst im Spiegel.*
Old people often can't look after **themselves** anymore.	*Alte Leute können oft nicht mehr für sich selber sorgen.*
I enjoyed **myself** very much.	*Ich hatte eine Menge Spaß.*

1

Achtung: Reflexivpronomen sind im Englischen wesentlich seltener als im Deutschen. Längst nicht bei allen Verben, bei denen im Deutschen ein Reflexivpronomen verwendet wird, steht auch im Englischen eines!
Besonders häufig kommt es zu Fehlern im Umgang mit folgenden Verben.

Beispiele:

nicht reflexiver Gebrauch im Englischen	reflexiver Gebrauch im Deutschen
The weather **changed**.	*Das Wetter veränderte sich.*
The students **concentrate** on their work.	*Die Schüler konzentrieren sich auf ihre Arbeit.*
She **felt** better after she had talked to her best friend.	*Sie fühlte sich besser, nachdem sie mit ihrer besten Freundin gesprochen hatte.*
Let's **meet** in front of the cinema!	*Wir treffen uns vor dem Kino!*
Do you **remember** our trip to Las Vegas?	*Erinnerst du dich an unsere Reise nach Las Vegas?*
The Italian immigrant **sat down**.	*Der italienische Einwanderer setzte sich.*
Dad **shaves** every morning.	*Papa rasiert sich jeden Morgen.*
I **wonder** what's wrong with her.	*Ich frage mich, was mit ihr los ist.*

Each other und *one another*

Lern-Video
www.sofatutor.com/klett/40

Die reziproken Pronomen *each other* und *one another* haben die gleiche Bedeutung und werden verwendet, um auszudrücken, dass eine wechselseitige Beziehung zwischen verschiedenen Personen besteht. Im Deutschen wird dies mit **sich**, **einander** oder **gegenseitig** übersetzt.

Beispiele:	
Robert and Susan love **each other.** But after their argument last Thursday they haven't spoken with **one another.**	*Robert und Susan lieben sich. Aber seit ihrem Streit letzten Donnerstag haben sie nicht mehr miteinander gesprochen.*

Mach dir die unterschiedliche Bedeutung von reflexiven und reziproken Pronomen an folgenden Beispielen deutlich.

Beispiele:	
Reflexivpronomen	**reziprokes Pronomen**
They are looking at **themselves** (in the mirror). *Sie schauen sich (= jeder sich selbst) (im Spiegel) an.*	They are looking at **each other.** *Sie schauen einander an.*
They took photos of **themselves.** *Sie nahmen Fotos von sich selbst (= jeder von sich selber) auf.*	They took photos of **each other.** *Sie nahmen Fotos voneinander (= gegenseitig) auf.*

Demonstrativpronomen

Ähnlich wie Possessivpronomen können Demonstrativpronomen als Begleiter eines Substantivs auftreten oder auch für sich stehen. Sie besitzen in beiden Fällen jedoch dieselbe Form.

Regel: Die Demonstrativpronomen *this* (Singular) und *these* (Plural) verweisen auf Personen oder Dinge, die in der Nähe sind. *That* (Singular) und *those* (Plural) beschreiben Substantive, die weiter entfernt sind.

Beispiele:

Singular	Plural
Look! **This** is the new Porsche.	I hate **these people** who don't care for others.
That actor over there is Tom Hanks.	I know **those boys** in the corner from school.

Das Stützwort *one/ones*

Das Stützwort *one* bzw. *ones* kann verwendet werden, wenn man ein Substantiv nicht noch einmal wiederholen möchte.

Regel: *One* ersetzt Substantive im Singular, *ones* steht für Pluralformen.

Beispiele:
That's my friend Bryan. He's the **best one** I ever had.
Look! The girls over there. – **The ones** at the door? – No, I mean **the ones** under the tree.

Hinweis: Im Gegensatz zum Deutschen kann ein Adjektiv im Englischen nicht alleine stehen!

2 Adjektive und Adverbien

QUICK-FINDER

2.1 Adjektive

Gebrauch

Adjektive beschreiben Menschen, Tiere, Dinge oder Ereignisse näher. Sie geben an, wie etwas ist.

Regeln:

- Als **Attribute** stehen Adjektive unmittelbar vor dem Substantiv, das sie näher bezeichnen.

Beispiele:
It was a **long** way to Washington.
The **non-violent** principle of Martin Luther King convinced the Americans.

- Als **Prädikatsnomen** folgen Adjektive nach *be* oder *become*.

Beispiele:
His ideas **were successful**.
Harrison Ford **became famous** as an actor.

Steigerung mit *-er/-est (bigger/biggest)*

Es gibt im Englischen zwei Formen, um Adjektive zu steigern, also den **Komparativ** und den **Superlativ** zu bilden. Entscheidend sind dabei die Zahl der Silben, aus denen das Adjektiv besteht, und die Endung.

Regel: Alle **einsilbigen** Adjektive werden mit *-er/-est* gesteigert.

Beispiele:

fast	fast**er**	fast**est**
great	great**er**	great**est**
small	small**er**	small**est**

Dies gilt auch für alle **zweisilbigen** Adjektive, die auf *-er*, *-ow* oder *-y* enden. Aus dem *-y* wird bei der Steigerung *-ier* bzw. *-iest*.

Beispiele:		
clever	clever**er**	clever**est**
narrow	narrow**er**	narrow**est**
early	earl**ier**	earl**iest**
happy	happ**ier**	happ**iest**

Achtung: Nach einem kurzen betonten Vokal wird der Konsonant verdoppelt:

Beispiele:		
big	bi**gger**	bi**ggest**
hot	ho**tter**	ho**ttest**

Steigerung mit *more* und *most* (*more interesting/most interesting*)

Regel: Alle **zweisilbigen** Adjektive, die nicht auf *-y* enden, werden mit *more* bzw. *most* gesteigert.

Beispiele:		
careful	**more** careful	**most** careful
famous	**more** famous	**most** famous
helpful	**more** helpful	**most** helpful

Auch alle **mehrsilbigen** Adjektive bilden auf diese Weise den Komparativ bzw. Superlativ.

Beispiele:		
difficult	**more** difficult	**most** difficult
expensive	**more** expensive	**most** expensive
interesting	**more** interesting	**most** interesting

Hinweis: Bei *quiet*, *simple* und *narrow* ist sowohl die Steigerung mit *-er*/*-est* als auch mit *more*/*most* möglich.

Unregelmäßige Steigerungsformen *(good/better/best)*

Lern-Video
www.sofatutor.com/klett/4p

Wie im Deutschen gibt es auch im Englischen unregelmäßige Steigerungsformen. Die wichtigsten sind:

good	better	best
bad	worse	worst
(a) little	less	least
much/a lot	more	most
far	further/farther	furthest/farthest

Besonders wichtig:
Adjektive nach bestimmten Verben

Nach Verben, die einen Zustand oder eine Eigenschaft beschreiben, stehen Adjektive, keine Adverbien.

Beispiele:	
feel	I **feel good**.
look	The girl over there **looks beautiful**.
smell	The chicken curry **smells delicious**.
sound	That **sounds difficult**.
taste	The cake **tastes wonderful**.

Achtung: Soll eine Handlung ausgedrückt werden, benötigst du das Adverb: ***Look carefully*** *before you cross the street.*

2.2 Adverbien

Gebrauch

Adverbien **beschreiben** in erster Linie Verben, aber auch Adjektive, andere Adverbien und sogar ganze Sätze **näher**. Sie geben an, wie jemand etwas tut bzw. wie eine Handlung zu verstehen ist.

Beispiele:
Mary **carefully prepared** her presentation.
She **was terribly shocked** by the accident.
Our holiday **was absolutely fantastic**.
Sarah **played** her part **surprisingly well**.
Unfortunately two people **lost** their lives.

Bildung von Adverbien *(politely)*

Regel: Adverbien werden in der Regel gebildet, indem man an das Adjektiv die Endung *-ly* anhängt.

Beispiele:

Adjektiv	Adverb
careful	carefully
polite	politely

Beachte folgende Besonderheiten:

- Bei Adjektiven, die auf *-y* enden, wird das *-y* durch *-i* vor der Endung *-ly* ersetzt.

Beispiele:

noisy	noisily
easy	easily

- Bei Adjektiven, die auf **Konsonant** + *-le* enden, entfällt das *-e*.

Beispiele:	
simple	simply
terrible	terribly
probable	probably

- Bei Adjektiven, die auf *-ic* enden, wird *-ally* angehängt.

Beispiele:	
enthusiastic	enthusiastically
fantastic	fantastically

- Adjektive, die bereits auf *-ly* enden, bleiben unverändert.

Beispiele:	
early	early
friendly	friendly
lovely	lovely

Adverbien mit zwei Formen *(hard/hardly)*

Einige Adverbien haben zwei Formen: eine mit, eine ohne die Endung *-ly*.

Adverb ohne *-ly*	Adverb mit *-ly*
close – *nah*	closely – *genau*
fair – *gerecht*	fairly – *ziemlich*
hard – *hart, schwer*	hardly – *kaum*
late – *spät*	lately – *in letzter Zeit*
near – *nah*	nearly – *fast*

Achte beim Übersetzen auf die unterschiedliche Bedeutung.

Beispiele:	
She worked **hard.** *Sie arbeitete schwer.*	She worked **hardly.** *Sie arbeitete kaum.*
I live **close** to school. *Ich wohne nahe an der Schule.*	Look **closely.** *Schau genau hin.*

Steigerung von Adverbien *(more/most politely)*

Regeln:

- **Zwei-** und **mehrsilbige** Adverbien werden mit *more/most* gesteigert.

Beispiele:		
angrily beautifully	more angrily more beautifully	most angrily most beautifully

- **Einsilbige** Adverbien werden mit *-er/-est* gesteigert.

Beispiele:		
fast hard close	faster harder closer	fastest hardest closest

- Unregelmäßig sind die Steigerungsformen von *well* und *badly*.

badly well	worse better	worst best

2.3 Vergleichssätze

As ... as

Willst du Personen, Dinge oder Handlungen miteinander vergleichen, tust du dies mit *(not) as ... as*.

Beispiele:
Tim is **as smart as** his older sister.
Dad drives **as crazily as** Michael Schumacher.
Paul is **not as good** at computers **as** Nora.
Joe doesn't speak English **as well as** Mark.

More/less ... than

Ungleichheit kann auch mit dem Komparativ (*more* bzw. *less ... than*) ausgedrückt werden.

Beispiele:
The class test is **more difficult than** the last one.
Gordon runs **faster than** Mike.
These trousers are **less expensive than** the blue ones.

Lehrer-Tipp: Die Schreibung von *than* und *then*

„Sehr häufig wird *than* (als) mit *then* (dann) verwechselt. *Than* wird in Vergleichen verwendet, aber wenn es um einen Zeitpunkt oder eine Reihenfolge geht, nimmst du *then*. Die Eselsbrücke mit *when*, das nach einem Zeitpunkt fragt und sich ebenfalls mit einem *e* schreibt, hilft hier: *Follow this rule, and **then** (➛ when?) you'll be using these words better **than** anyone you know!*"

Moritz Berger, Gymnasiallehrer in Hannover

3 Häufig verwendete Verben

QUICK-FINDER

3.1 *Be, have, do*

3.2 *Let* und *make*

3.3 Modalverben

3.1 *Be, have, do*

Be

Das Verb *be* besitzt im simple present zwei Grundformen. Die Kurzformen werden in Gesprächen, privaten Briefen und E-Mails verwendet. Die Langformen benutzt man dagegen im schriftlichen Gebrauch, insbesondere in Zeitungstexten oder formellen Briefen.
Mit Ausnahme der 1. Person Singular gibt es zwei Möglichkeiten, verneinte Kurzformen zu bilden.

Beispiele:

bejaht		verneint	
lang	kurz	lang	kurz
I am	I'm	I am not	I'm not
you are	you're	you are not	you're not/you aren't
he is	he's	he is not	he's not/he isn't
she is	she's	she is not	she's not/she isn't
it is	it's	it is not	it's not/it isn't
we are	we're	we are not	we're not/we aren't
you are	you're	you are not	you're not/you aren't
they are	they're	they are not	they're not/they aren't

Achtung: Bei zwei Kurzformen von Pronomen besteht **Verwechslungsgefahr**:

- Die Kurzform von *it is*, also *it's*, ist von der Kurzform von *it has* nicht zu unterscheiden. Die richtige Bedeutung ist nur aus dem Zusammenhang erschließbar.

Beispiele:
It's (= it has) been a long time since I saw you.
It's (= it is) nice to see you again!

Darüber hinaus ist die Kurzform *it's* mit dem Possessivbegleiter *its* verwechselbar, der jedoch ohne Apostroph geschrieben wird:

Beispiel:
This is Brad's dog. **Its** name is Cheeky.

- Die Kurzform *they're* wird ebenfalls oft mit dem gleich ausgesprochenen Possessivbegleiter *their* (ihr) und *there* (dort) vertauscht.

Beispiel:
They're in my tutor group. **Their** tutor is Mr. Jones.
There are a lot of pupils in his class.

Be kann als Vollverb oder als Hilfsverb in allen Zeiten verwendet werden. Hier findest du die wichtigsten Formen von *be* als **Vollverb**.

Beispiele:	
present perfect: ***has/have been***	**Have** you ever **been** to the US?
simple past: ***was/were***	I **wasn't** at the party. Mike and Sheila **were** in Mexico.
past perfect: **had been**	The whole trip **had been** a nightmare.
will-future: ***will be***	I **will be** in Los Angeles next month.
going-to-future: ***going to be***	I'm **going to be** an engineer.

Als **Hilfsverb** dient es zur Bildung der progressive-Zeiten und des Passivs.

Beispiele:	
progressive-Zeiten (*be* + present participle)	Nick **is watching** TV. Harry **was waiting** for Helen. Laura **has been looking** for a job since October.
Passiv (*be* + past participle)	The economic situation **is taken** seriously by the government. The President **was attacked** by the Congress.

Have

Ähnlich wie bei dem Verb *be* gibt es auch bei *have* im simple present Lang- und Kurzformen.

Beispiele:			
bejaht		verneint	
lang	kurz	lang	kurz
I have you have he has she has it has we have you have they have	I've you've he's she's it's we've you've they've	I have not you have not he has not she has not it has not we have not you have not they have not	I haven't you haven't he hasn't she hasn't it hasn't we haven't you haven't they haven't

Have kann sowohl als Vollverb als auch als Hilfsverb gebraucht werden.

Vor allem im britischen Englisch wird *have* als **Vollverb** häufig zu der Form *have got* erweitert. Dies ist jedoch nur im simple present üblich. Bei der Fragebildung rückt in diesen Fällen *have* wie ein Hilfsverb an die Satzspitze. In anderen Zeiten muss die Frage mit *do* gebildet werden.

Beispiele:	
simple present	Sam **hasn't got** a mobile phone. **Have** you **got** my Maths book?
andere Zeiten	Mrs. Jones **had** a serious problem. **Did** the President **have** a solution?

Überblick über die Formen der gebräuchlichsten Zeiten:

Beispiele:	
present perfect: ***have had***	John and Nora **have had** no idea what to do.
simple past: ***had***	The headmaster **had** a plan.
past perfect: ***had had***	Nigel **had had** the best time of his life.
will-future: ***will have***	I**'ll have** a cup of coffee.
going-to-future: ***going to have***	I **am going to have** a Porsche when I am fifty.

Als **Hilfsverb** dient *have* zur Bildung der perfect-Zeiten.

Beispiele:	
present perfect (*have* + past participle)	I **have told** him the truth.
past perfect (*had* + past participle)	Sally **had promised** to call him.

Do

Das Verb *do* besitzt im simple present Kurzformen nur in der verneinten Form.

- Bis auf die 3. Person Singular, die *does* lautet, sind alle Formen von *do* gleich. Die Verneinung ist für alle Personen *don't*, außer in der 3. Singular, wo du *doesn't* benötigst.

Beispiele:
The US and the EU **do** their best to help African countries.
I **don't** want to be treated like that.
James usually **does** his homework in the evening.
She **doesn't** know a way out.

- Die simple-past-Form für alle Personen lautet *did/did not* (Kurzform *didn't*). Die dritte Form zur Bildung der perfect-Zeiten ist *done*.

Beispiele:
I **didn't** mean to hurt you.
He **hasn't done** his homework yet.

Do kann sowohl als Vollverb als auch als Hilfsverb verwendet werden.
Als **Hilfsverb** dient es zur Bildung von Fragen, der Verneinung und der Befehlsform.

Beispiele:	
Fragen	**Did** you **ask** you teacher about the class test?
Verneinung	Mark **doesn't want** to tell his girlfriend that he **doesn't love** her any more.
Befehlsform	**Don't tell** me any lies!

Wird *do* in Frage, Verneinung und Befehl als **Vollverb** benutzt, muss *do* zweimal auftauchen, nämlich einmal als Hilfsverb und dann als Vollverb im Infinitiv.

Beispiele:	
Fragen	**Did** you **do** the washing-up, Roger? – Yes, I **did** it an hour ago.
Verneinung	Harry **didn't do** his homework.
Befehlsform	**Don't do** that again!

3.2 *Let* und *make*

Das deutsche Wort **lassen** hat zwei unterschiedliche Bedeutungen. Es kann sowohl **zulassen** als auch **veranlassen** ausdrücken. Im Englischen musst du dafür jeweils ein anderes Wort verwenden.

Let

Let bedeutet **zulassen** bzw. **jemandem erlauben, etwas zu tun.**

Beispiele:		
let	**direktes Objekt**	**Infinitiv ohne *to***
My parents let *Meine Eltern ließen*	me *mich*	stay up till midnight. *bis Mitternacht aufbleiben.*
My sister let *Meine Schwester erlaubte*	me *mir,*	wear her pair of jeans. *ihre Jeans zu tragen.*

Make

Make mit einem direkten Objekt und Infinitiv bedeutet **veranlassen** bzw. **jemanden dazu bringen** oder **zwingen, etwas zu tun.**

Beispiel:		
make	**direktes Objekt**	**Infinitiv ohne *to***
The police made *Die Polizei brachte*	the man *den Mann*	leave the school. *dazu, die Schule zu verlassen.*

Lehrer-Tipp: *Let* oder *make*?

„Durch ihre gleiche Bedeutung im Deutschen werden *let* und *make* oft verwechselt. Mein Tipp: Merk dir den Titel des Beatles-Songs *Let it be* (Lass es geschehen). Nur *let* wird, wie hier, im Sinne von ‚zulassen, erlauben' verwendet – *make* bedeutet ‚veranlassen, zwingen'."

Elisabeth Maier, Gymnasiallehrerin in Bremen

3.3 Modalverben

Modalverben können eine **Fähigkeit**, **Möglichkeit**, **Verpflichtung**, **Bitte** oder ein **Verbot** ausdrücken. Sie stehen immer mit dem Infinitiv eines Vollverbs: *I can dance.* Sie sind in ihren Formen unvollständig, d.h. sie haben häufig nur eine Präsensform, die für alle Personen gleich ist: *I must, you must, he must ...* In anderen Zeiten müssen **Ersatzformen** gebraucht werden.

Can, be able to, be allowed to

Can hat die Bedeutungen **können** und **dürfen**. Die Vergangenheitsform ist *could*. Für andere Zeiten gibt es für **können** die Ersatzform *be able to*, für **dürfen** *be allowed to*.

Beispiele:		
Zeit	Fähigkeit: ***be able to***	Erlaubnis: ***be allowed to***
simple present	Mark is five years old. He **cannot** write his name = **is not able to** write his name.	Debbie and Sarah **can** watch TV late at night = **are allowed to** watch TV late at night.
present perfect	We **haven't been able to** speak to the President yet.	He **has been allowed** to stay up late today.
simple past	I was so busy. I **couldn't** phone you = I **was not able to** phone you.	Jill **couldn't** go to the party (her parents didn't like the idea) = Jill **wasn't allowed to** go to the party.
past perfect	They **hadn't been able to** find a present for him.	The immigrants **hadn't been allowed** to enter the USA.
will-future	You **will be able** to understand English texts in the Internet.	When you're older, you **will be allowed** to drive a car.
conditional	Maybe I **would be able to** solve your problem.	You **would be allowed to** go if you tidied up your room.

Darüber hinaus kann mit den Modalverben *can* und *could* (**könnte**, höflicher) auch eine **Bitte** ausgedrückt werden.

Beispiele:
Can you pass me the salt, please?
Could you please send me an application form?

Must und *have to*

Das modale Hilfsverb *must* (müssen) kann nur im simple present verwendet werden. In allen anderen Zeiten musst du die **Ersatzform** *have to* verwenden.

Beispiele:	
simple present	You are ill. You **must** stay in bed. Tom and Robert **have to** apologise.
present perfect	She **has had to** do some exercises.
simple past	Laura **had to** be at the airport at 5 o'clock.
past perfect	In front of Madame Tussaud's we **had had to** wait in a long queue.
will-future	You **will have to** work harder!
conditional	You **would have to** be a criminal to participate in this.

Need not to und *not have to*

Lern-Video
www.sofatutor.com/klett/4q

Mit *need not* bzw. *not have to* (nicht müssen) wird ausgedrückt, dass eine **Verpflichtung** oder **Notwendigkeit** nicht (mehr) besteht.

Need not kommt nur im simple present vor. Alle anderen Zeiten müssen mit *not have to* gebildet werden.

Beispiele:	
simple present	You **needn't** bring your English books tomorrow. You **don't have to** pay for it. It's free.
present perfect	He **has had to** deal with a lot of problems lately.
simple past	We **didn't have to** walk. There was a bus.
past perfect	We **hadn't had to** leave, but we did.
will-future	You **won't have to** worry about me.

Must not bedeutet **nicht dürfen**: *You mustn't cross the street here.*

Besonders wichtig: *Mustn't* und *needn't*

Die Verneinung von *must* lautet *needn't* oder *don't have to* und bedeutet **nicht müssen, nicht brauchen.** Wenn du *mustn't* schreibst, meinst du **nicht dürfen!**

Beispiele:	
mustn't – ***nicht dürfen***	needn't – ***nicht müssen/brauchen***
You **mustn't** drive so fast here. It's dangerous. *Du **darfst** hier nicht so schnell fahren. Es ist gefährlich.*	You **needn't** drive so fast here. We've got time. *Du **brauchst** hier nicht so schnell zu fahren. Wir haben Zeit.*

May und *might*

May und *might* können sowohl eine **Möglichkeit** als auch eine **höfliche Bitte** ausdrücken. Außerdem benutzt man diese beiden Hilfsverben, um höflich eine **Erlaubnis** bzw. ein **Verbot** zu erteilen.

Beispiele:	
Möglichkeit	It **may** rain tomorrow. We **might** even see crocodiles on our tour. It **might have been** quicker if we had taken the other road.
höfliche Bitte	**May** I ask you a question? **Might** I have a little more butter?
Erlaubnis/ Verbot	Yes, you **may**./No, you **may not**.

May kommt hauptsächlich im Präsens vor.

Should und *ought to*

Should und *ought to* (sollen) drücken einen **Rat**, eine **Ermahnung** oder eine **Verpflichtung** aus.

Beispiele:
You **should** stay in bed all day!
You **oughtn't to** drink beer at the age of 14!
You **shouldn't have argued** with him.

Achtung: Nach *ought* muss immer *to* stehen!

4 Gegenwart, Vergangenheit und Zukunft

QUICK-FINDER

4.1 Gegenwart

Simple present

Das simple present entspricht im Deutschen dem Präsens.

Bildung

Mit Ausnahme der 3. Person Singular haben die Verbformen im simple present immer die gleiche Form wie der Infinitiv.

Beispiele:
Young people **like** extreme sports.
I **like** Maths.
You **like** him, don't you?
He **likes** the way you smile.

Achtung: Bei ***he, she, it*** gilt: **Das -s muss mit**! Nach Zischlauten am Ende des Verbs (*-ch, -sh, -ss, -x*) muss *-es* angehängt werden.

Beispiele:
he talks, it smells
she teaches, he kisses

Modalverben (vgl. Kap. 3) haben nur eine Form für alle Personen: *I can, he can* etc.
Die **Verneinung** von Vollverben im simple present wird mit *don't* gebildet. Auch hier gibt es für die 3. Person Singular eine Ausnahme: *doesn't*.
Fragen werden (sofern kein anderes Hilfsverb vorhanden ist) ebenfalls mit *do* gebildet. Dabei rückt *do* vor das Subjekt. In beiden Fällen steht das Vollverb im Infinitiv.

Beispiele:	
Verneinung	I **don't know** what to say now. Mr. Pitt **doesn't teach** English. He teaches Physics.
Fragen	**Do** you **think** you are the only one? **Does** she **believe** in God? What **do** you **want** me to do?

Gebrauch

Man verwendet das simple present für

- gewohnheitsmäßige Handlungen, die regelmäßig geschehen. Folgende Signalwörter im Englischen helfen, das simple present als richtige Zeit zu erkennen.

Beispiele:	
always, usually, normally	I **usually feel** quite nervous before we get back our Maths class test.
every day/week/ month	Cindy **watches** "Mad Men" **every day**.
in the morning/ evening	**In the evening** I **am** too tired to do my homework.
often, sometimes	**Sometimes** I **am** jealous of Mary.
never	Our team **never wins**.

- aufeinanderfolgende Handlungen, wie sie in Beschreibungen oder Erzählungen vorkommen. Auch hier gibt es aussagekräftige Signalwörter:

Beispiele:	
first, then, after that, soon, at last	**First** we've got Maths, **then** there is Mr Clark with History. **After that** we've got today's most boring lesson, English.

- allgemeingültige Behauptungen und Sachverhalte:

Beispiele:
It never rains in California.
The Irish drink a lot of Guinness.

Present progressive

Lern-Video
www.sofatutor.com/klett/4r

4

Das present progressive ist die Verlaufsform des Präsens. Diese Zeit hat im Deutschen keine Entsprechung.

Bildung
Das present progressive bildest du mit einer Form von *be* und der Grundform des Vollverbs + *-ing* (present participle).
Bei manchen Verben kommt es zu einer Veränderung in der Rechtschreibung:

- Bei Verben mit einem stummen *-e* am Wortende fällt dieses weg: *come* ➤ *coming*.
- Ein *-ie* am Ende eines Verbs wird zu *-y*: *die* ➤ *dying*.
- Konsonanten wie *m*, *p* oder *t* nach einem kurzen Vokal werden verdoppelt: *run* ➤ *running*.

Beispiele:
Sarah **is listening** to a Shakira CD.
Nora **is putting** her English book on the desk.
John **is lying** to his mother about the class test.
She **is running** faster than I expected.

Bei der **Verneinung** schiebt sich *not* zwischen die Form von *be* und das Vollverb.

Bei **Fragen** rückt die Form von *be* an die Satzspitze bzw. hinter das Fragepronomen.

Beispiele:	
Verneinung	Mr O'Brian **is not teaching** English this week. He is ill.
Fragen	**Is** he **travelling** through the US this summer? Where **are** we **going**?

Gebrauch

Man verwendet das present progressive für

- Handlungen, die gerade im Moment des Sprechens passieren, erkennbar an Signalwörtern.

Beispiele:	
now, at the moment	I **am reading** a book **at the moment**.
this morning/ evening	**Are** you **enjoying this evening**?

- Bildbeschreibungen: In Karikaturen, Zeichnungen oder Photos ist festgehalten, was Personen gerade in dem Moment tun.

Beispiele:
The boy in the cartoon **is laughing**.
I see people who **are demonstrating** for their rights.

Simple present oder present progressive?

Während das simple present regelmäßige Handlungen in der Gegenwart beschreibt, wird mit dem present progressive eine einmalige Handlung ausgedrückt, die im Moment des Sprechens noch andauert.

Im Deutschen kann man sich mit Formulierungen wie **gerade** etc. behelfen, um das present progressive wiederzugeben.

Beispiele:	
simple present	**present progressive**
I **play** the piano. *Ich spiele Klavier (= kann es spielen und spiele es auch).*	I **am playing** the piano. *Ich spiele (jetzt gerade) Klavier.*
We **live** in Berlin. *Wir leben in Berlin.*	We **are living** in Berlin at present. *Wir leben zur Zeit in Berlin.*

Achtung: Folgende Verben haben **keine progressive-Form**, wenn sie keine bestimmte Dauer ausdrücken. Zu ihnen gehören:

- Verben des Wissens und Meinens: *know, understand, think, mean, believe,*
- Verben der Sinneswahrnehmung: *hear, see, smell, taste, feel,*
- Verben, die Gefühle oder Wünsche ausdrücken: *love, hate, like, want,*
- Verben, die Zustände benennen: *be, have, look, owe, own.*

Beispiele:
I **think** I **know** what you **mean**.
I **like** my coffee hot and strong.
The rice **tastes** strongly of garlic and onions.
Those houses **look** really old.

4.2 Vergangenheit

Present perfect

Das present perfect entspricht nur in etwa dem deutschen Perfekt.

Bildung

Das present perfect wird mit einer Form von *have* und der dritten Verbform (past participle) gebildet.

- Bei regelmäßigen Verben hat das past participle die gleiche Form wie das simple past (Grundform + *-ed*).

Beispiele:	
arrive	Emma and Stan **have arrived** at the airport.
walk	They **have walked** through the snow.

- Unregelmäßige Verben haben eigene Formen.

Beispiele:	
feed	I've **fed** the dog.
break	James **has broken** his leg.

Bei der **Verneinung** wird *not* zwischen die Form von *have* und das past participle gesetzt.
Bei **Fragen** rückt die Form von *have* an die Satzspitze bzw. steht nach dem Fragepronomen. Danach folgt das Subjekt und das past participle.

Beispiele:	
Verneinung	I **haven't taken** your DVD. Sheila **hasn't eaten** since yesterday.
Fragen	**Have** you **seen** Brad? Why **has** he **lost** my sunglasses?

Gebrauch

Man benutzt das present perfect für Handlungen,

- die irgendwann in der Vergangenheit angefangen haben und noch andauern oder
- deren Auswirkungen bis in die Gegenwart reichen.

Die wichtigsten Signalwörter

Beispiele:	
until/till now	The police **haven't found** the suspect **till** now.
already	**Have** you **already been** to Australia?
for	Immigrants **have come** to the US **for** centuries.
since	I **have known** him **since** Nora's party.
never	Bryan **has never seen** such a brilliant movie.
not yet	The President **has not yet made** up his mind what to do against the terrorists.
still (not)	Ben **has still not told** Susan that he has got another girlfriend.

Present perfect oder simple past?

Das present perfect ist die richtige Zeit für Handlungen, die in der Vergangenheit passiert sind, wenn der Zeitpunkt unbekannt oder unwichtig ist.
Wird eine konkrete Zeitangabe gemacht, wird das simple past verwendet. Ist die Handlung in der Vergangenheit abgeschlossen, muss ebenfalls das simple past benutzt werden.

Beispiele:

present perfect	simple past
For a long time African Americans **have demonstrated** for their civil rights.	In 1963 African Americans **demonstrated** for their civil rights.
Mike **has lived** in Brooklyn for two years. He thinks it's the best part of New York *(= er lebt immer noch dort).*	Mike **lived** in Brooklyn for two years. Now he lives in Manhattan *(= er lebt nicht mehr dort).*

Besonders wichtig: *For* und *since*

For bezieht sich auf einen **Zeitraum**, über den eine Handlung andauert, z.B. *ten years, several months.*

Beispiel:
I have lived in Paris **for ten years.**

Since verwendet man, wenn der Beginn einer Handlung, also ein **Zeitpunkt**, betont wird, z.B. *in 1999, last Christmas, on Wendy's birthday.*

Beispiel:
I have lived in Paris **since the beginning of winter.**

Im Deutschen wird das present perfect häufig durch das **Präsens** wiedergegeben.

Beispiele:	
Englisch	Deutsch
Claudia Schiffer has been a model since her youth. I have known Tracy for five years.	*Claudia Schiffer ist (schon) seit ihrer Jugend Model.* *Ich kenne Tracy (schon) seit fünf Jahren.*

Present perfect progressive

Das present perfect progressive hat im Deutschen keine Entsprechung. Gegenüber dem einfachen present perfect betont das present perfect progressive die Dauer einer Handlung.

Bildung

Das present perfect progressive wird mit einer Form von *have* + *been* + Verb + *-ing* (present participle) gebildet.

Beispiele:
Cathy **has been planning** this trip for years.
Protestants in Northern Ireland **have been marching** through Catholic areas for decades.

Bei der **Verneinung** wird *not* direkt hinter die Form von *have* gesetzt.
Bei **Fragen** rückt die Form von *have* an die Satzspitze bzw. steht nach dem Fragepronomen. Danach folgt das Subjekt + *been* + present participle.

Beispiele:	
Verneinung	I **haven't been doing** all this work for nothing!
Fragen	Who **have** you **been talking** to all the time on the phone?

Gebrauch

Man benutzt das present perfect progressive für Handlungen,

- die irgendwann in der Vergangenheit angefangen haben und noch andauern oder
- deren Auswirkungen bis in die Gegenwart reichen.

Dabei wird vor allem die Dauer der Handlung betont. Insbesondere *for* und *since* weisen – wie beim present perfect – auf diese Verwendung hin.

Beispiele:
I have been looking for shoes like that **for** weeks.
He has been going out with Nora **since** Kevin's party.

Present perfect oder present perfect progressive?

Es gibt nur minimale Bedeutungsunterschiede zwischen den beiden Zeiten.

- Wird ein Zustand beschrieben, wird eher das einfache present perfect benutzt. Soll eine Handlung hervorgehoben werden, ist das progressive eher anzutreffen.
- Bei Verben wie *live, learn, play, work, wait* und *watch* steht ebenfalls eher die Verlaufsform.
- Im Deutschen kann die Dauer, die im progressive ausgedrückt ist, durch *schon* wiedergegeben werden.

Beispiel:	
Bryan Adams has been playing the guitar since his 7th birthday.	*Bryan Adams spielt schon seit seinem siebten Geburtstag Gitarre.*

Simple past

Lern-Video
www.sofatutor.com/klett/4s

Das simple past entspricht im Deutschen dem Präteritum.

Bildung

Die Formen für das simple past sind für alle Personen gleich.

Bei den Verben, die die Vergangenheitsformen (simple past, past participle) regelmäßig bilden, wird an die Grundform *-ed* angehängt. Dabei sind folgende Rechtschreibregeln zu beachten:

- Ein stummes *e* am Wortende entfällt: *invite* ➛ *invited*.
- Bei Verben, die auf Konsonant + *y* enden, wird das *y* zu einem *i*: *try* ➛ *tried*.
- Konsonanten am Ende eines Verbs nach einem Vokal werden in der Regel verdoppelt: *travel* ➛ *travelled*.

Beispiele:

We **invited** him to our barbecue last night.
The police **tried** to follow the criminal, but he **escaped**.
I **cancelled** my flight.

Unregelmäßige Verben haben eigene Formen.

Beispiele:	
go	He **went** home.
find	I **found out** the truth about Mark and Sally.

Die **Verneinung** von Vollverben wird mit der Vergangenheitsform von *do*, also *did not (didn't)* gebildet, sofern kein anderes Hilfsverb (z. B. *be, can*) vorhanden ist. Das nachfolgende Vollverb steht im Infinitiv.
Ähnliches gilt bei **Fragen**: *Did* rückt dabei an die Satzspitze bzw. hinter das Fragepronomen.

Beispiele:	
Verneinung	I **didn't steal** the money.
Fragen	**Did** you **know** that they were dating each other? Who **did** you **ask** about our homework?

Gebrauch
Man verwendet das simple past

- insbesondere für abgeschlossene Handlungen in der Vergangenheit. Folgende Signalwörter zeigen dies an:

Beispiele:	
yesterday	**Yesterday** I **missed** my favourite TV series.
last week/month/year	I **was** much better in Maths **last year.**

- für gewohnheitsmäßige Handlungen, die in der Vergangenheit wiederholt stattfanden. Signalwörter wie *always, every Sunday, often, never* etc., die denen im simple present entsprechen, helfen, dies zu erkennen.

Beispiele:
In Spain we **went** to the disco **every night.**
John **always tried** to copy his homework from others.

- um abgeschlossene, aufeinanderfolgende Handlungen in der Vergangenheit wiederzugeben. Signalwörter sind *suddenly, then, after that* etc.

Beispiele:
Suddenly someone **opened** the door. **Then** I **could** see a shadow of a man.

Past progressive

Das past progressive ist eine Verlaufsform der Vergangenheit. Diese Zeit hat im Deutschen keine Entsprechung.

Bildung

Das past progressive wird mit einer Vergangenheitsform von *be* – also *was* bzw. *were* – und der *-ing*-Form des Verbs (present participle) gebildet (zur Schreibung vgl. S. 59).

Beispiele:
Robert **was cleaning** his room.
Sarah **was listening** to the radio.
The soldier **was dying.**

Für die **Verneinung** setzt man *not* zwischen *be* und das Vollverb.
Bei **Fragen** rückt die Form von *be* an die Satzspitze bzw. hinter das Fragepronomen.

Beispiele:	
Verneinung	The girls **weren't laughing** when they heard the news.
Fragen	**Was** he **talking** to Susan? What **were** you **doing** at that moment?

Gebrauch

Das past progressive verwendet man

- vor allem dann, wenn in der Vergangenheit zwei Handlungen nebeneinandergestellt werden. Die Verlaufsform der Vergangenheit, das past progressive, nimmt man für die Handlung, die bereits angefangen hatte und im Hintergrund weiterlief. Für die neu einsetzende Handlung nimmt man das simple past.

Beispiele:	
past progressive (fortlaufende Handlung im Hintergrund)	**simple past (neu einsetzende Handlung)**
While Sally **was watching** TV,	the telephone **rang.**
While I **was reading** the newspaper,	my mother **knocked** on the door.

Dabei deuten Signalwörter wie *still* und *while* auf das past progressive. *When* hingegen weist auf die neu einsetzende Handlung (simple past) hin.

Beispiele:	
while	**While** they **were rafting**, Bob fell into the water.
still	Mary **was still chatting** on the Internet **when** her brother entered the room.

- um eine gewisse Dauer einer Handlung in der Vergangenheit zu betonen.

Beispiele:
Susan **was talking** on the phone for hours.
Gwendolyn's father **was repairing** the bike all afternoon.

Past perfect

Das past perfect entspricht dem deutschen Plusquamperfekt, der sogenannten Vorvergangenheit.

Bildung

Das past perfect wird mit *had* und der dritten Verbform (past participle) gebildet. Die Form ist für alle Personen gleich.

- Bei regelmäßigen Verben hat das past participle die gleiche Form wie das simple past (Grundform + *ed*) (zur Schreibung vgl. S. 67).

Beispiele:	
move	Ten years ago they **had moved** to the Midwest.
kill	They **had killed** all the buffaloes.

- Unregelmäßige Verben haben eigene Formen.

Beispiele:	
read	He **had read** the newspaper.
sink	The ship **had sunk** before it could be saved.

Bei der **Verneinung** wird *not* zwischen *had* und das past participle gesetzt.
Bei **Fragen** rückt *had* an den Satzanfang bzw. hinter das Fragepronomen.

Beispiele:	
Verneinung	Tom and Lucy were sure they **hadn't done** anything wrong.
Fragen	**Had** the President **known** the truth? When **had** Pamela **found** out that her parents did not love each other any more?

Gebrauch

Man benutzt das past perfect

- um vorzeitige Handlungen auszudrücken, also Vorgänge, die bereits beendet waren, als in der Vergangenheit eine andere Handlung begann. Die neue Handlung steht in der Regel im simple past. Die folgenden Signalwörter weisen auf diese Verwendung hin.

Beispiele:	
after	**After** they **had seen** the movie at the cinema, they went to McDonald's.
before	Often the immigrants **had had** a hard life **before** they came to the US.

until	The slaves **had lived** in misery **until** they were set free.
already	The culture of the Aboriginals **had already existed** for 5000 years when the white man came.
when	The principal **had talked** to the History teacher **when** Mrs Jenkins came in.

- in der Redewendung *if only* + past perfect. Mit dieser Formulierung kann man irreale Wünsche ausdrücken, d. h. man wünscht sich, dass es anders gekommen wäre, obwohl man es jetzt nicht mehr ändern kann.

Beispiele:	
If only I **had learned** for the Biology exam!	*Wenn ich nur für die Biologiearbeit gelernt hätte!*
If only dad **had come** earlier!	*Wenn Papa doch bloß früher gekommen wäre!*

Past perfect progressive

Das past perfect progressive hat im Deutschen keine Entsprechung.

Bildung

Das past perfect progressive wird mit *had* + *been* + *-ing*-Form des Verbs (present participle) gebildet. Die Form ist für alle Personen gleich (zur Schreibung vgl. S. 59).

Beispiele:
Mark **had been practising** for the concert for weeks.
The fans **had been waiting** for many hours before the match began.

Bei der **Verneinung** steht *not* unmittelbar nach *had*.
Bei **Fragen** rückt *had* an die Satzspitze bzw. steht nach dem Fragepronomen.

Beispiele:	
Verneinung	They **hadn't been listening** to him. Now they were in danger.
Fragen	**Had** they **been talking** about John's suggestion that long? How long **had you been travelling** to Australia?

Gebrauch
Man benutzt das past perfect progressive für Handlungen, die irgendwann in der Vorvergangenheit angefangen hatten und in der Vergangenheit noch andauerten. Dabei wird die Dauer der Handlung betont. Insbesondere die folgenden Signalwörter weisen auf diese Verwendung hin.

Beispiele:	
for	I **had been listening** to my favourite CDs **for** more than an hour when my father told me to turn down that awful music.
since	The African Americans **had been fighting** for the end of segregation **since** the Montgomery Bus Boycott.

For bezieht sich auf einen Zeitraum, *since* auf einen Zeitpunkt (vgl. S. 64).

Past perfect oder past perfect progressive?
Beide Zeiten drücken eine Vorzeitigkeit aus. Beim einfachen past perfect ist die Handlung zu einem bestimmten Zeitpunkt in der Vergangenheit bereits abgeschlossen, während sie im past perfect progressive noch andauert.

Beispiel:

past perfect	past perfect progressive
They **had waited** an hour, but when we arrived, they had left. *Sie hatten eine Stunde gewartet, aber als wir kamen, waren sie gegangen (= sie warteten nicht mehr, als wir kamen).*	They **had been waiting** for an hour when we arrived. *Sie hatten schon eine Stunde gewartet, als wir kamen (= sie warteten noch, als wir endlich kamen).*

4.3 Zukunft

Im Gegensatz zum Deutschen gibt es im Englischen mehrere Möglichkeiten, zukünftige Handlungen auszudrücken. Am häufigsten verwendet man das going-to-future und das will-future:
- Das **going-to-future** wird für **Absichten** bzw. **Pläne** in naher Zukunft verwendet,
- das **will-future** steht, wenn man über zukünftige, **unbeeinflussbare Ereignisse**, **Vermutungen** oder **Erwartungen** sprechen will.

Will-future

Bildung

Beim will-future gibt es nur eine Form für alle Personen. Diese setzt sich aus *will* und der Grundform des Vollverbs zusammen.

Beispiele:
I hope he'**ll come**.
In fifteen years Mike and Kim **will be married**.

Bei der **Verneinung** wird *not* zwischen *will* und das Vollverb gesetzt. Die Kurzform für *will not* lautet *won't*.
Bei **Fragen** rückt *will* an die Satzspitze bzw. hinter das Fragepronomen.

Beispiele:	
Verneinung	It **won't be** difficult to persuade him.
Fragen	**Will** he **accept** your offer? When **will** the lesson **end**?

Gebrauch

Man verwendet das will-future,
- um etwas über zukünftige Ereignisse zu sagen, die **nicht** von eigenen Plänen, Absichten oder Entscheidungen abhängen.

Beispiele:
The next football world cup **will take place** in South Africa.
The next presidential election in the USA **will be** in 2012.
Next June Mary **will be** 14.

- um Vermutungen über die Zukunft zu äußern oder Erwartungen zu formulieren. Signalwörter sind häufig einleitende Verben und Satzadverbien wie *believe, be sure, hope, imagine, suppose, think, possibly, probably*.

Beispiele:
I **hope** that in the future nobody **will be judged** by the colour of their skin.
I **am sure** that Barack Obama **will make** a difference.
Probably he **will change** politics a lot.

- bei spontanen Entscheidungen.

Beispiele:
We've got no salt. **I'll be** back in a minute.
Do you need help? **I'll give** you a hand.

Going-to-future

Lern-Video
www.sofatutor.com/klett/4t

Bildung

Diese Form des Futurs wird mit einer Form von *be going to* und der Grundform des Verbs gebildet. Während die Form von *be* konjugiert wird und die jeweilige Person anzeigt, bleiben *going to* und der Infinitiv unverändert.

Beispiele:
Madonna **is going to give** a concert in Berlin.
I **am going to spend** my next school year abroad.

Lehrer-Tipp:
Going-to-future oder present progressive?

„Going-to-future und present progressive sehen sich manchmal zum Verwechseln ähnlich, besonders wenn das Vollverb *go* verwendet wird. Schau deshalb genau hin! Beim going-to-future folgt nach dem *to* immer ein weiteres Verb im Infinitiv: *They **are going to go to** the cinema.* (Sie haben vor, ins Kino zu gehen.) Das ist beim present progressive nicht der Fall: *They **are going to** the cinema this evening.* (Sie gehen heute Abend ins Kino.)"

Jana Kutzner, Gymnasiallehrerin in Stuttgart

Bei der **Verneinung** steht *not* zwischen *be* und *going to*. Bei **Fragen** rückt die Form von *be* an die Satzspitze bzw. hinter das Fragepronomen.

Beispiele:	
Verneinung	I **am not going to stay** here any longer.
Fragen	**Are** they **going to meet** him today? What **are** you **going to do**?

Gebrauch

Das going-to-future verwendet man,

- um zukünftige Pläne oder Absichten auszudrücken.

Beispiele:
Where **are** you **going to spend** your holidays?
They **are going to save** money for their trip to the US.

Hinweis: Im Deutschen kann das going-to-future durch Formulierungen wie **vorhaben, beabsichtigen** oder **wollen** wiedergegeben werden.

Beispiel:	
You are not going to forgive him, are you?	*Du hast nicht vor, ihm zu verzeihen, oder?*

- um Situationen oder Ereignisse zu beschreiben, die in naher Zukunft eintreten werden. Dies gilt besonders, wenn im Moment des Sprechens bereits Anzeichen dafür gegeben sind.

Beispiel:
Look at the clouds. It's **going to rain** soon.

Simple present und present progressive

Die beiden Zeiten können sich nicht nur auf die Gegenwart, sondern auch auf die Zukunft beziehen. Sollen sie in die Zukunft weisen, müssen sie mit einer eindeutigen Zeitangabe versehen werden.

Gebrauch

Das simple present kann mit einer entsprechenden adverbialen Bestimmung der Zeit verwendet werden, um fest arrangierte Vorgänge zu beschreiben, z. B. Fahrpläne oder Anfangszeiten von Veranstaltungen.

Beispiele:
The musical **starts** at 7.30 tomorrow evening.
The flight to Chicago **is** at 9.15 on Tuesday.
I **can't** watch TV on Friday. I have got piano lessons.

Das present progressive kann zukünftige Pläne und Verabredungen auszudrücken.

Beispiele:
The Greenpeace activists **are demonstrating** against waste dumping in the North Sea tomorrow.
Are you **coming** to Tracy's party on Saturday?
I **am staying** at my aunt's house next month.

Future progressive

Das future progressive hat keine Entsprechung im Deutschen.

Bildung

Das future progressive wird mit *will be* und der *-ing*-Form des Verbs (present participle) gebildet. Die Form ist für alle Personen gleich.

Beispiele:
Thank God! This time next week we **will be lying** on the beach.
I **will be studying** in London next year.

Bei der **Verneinung** setzt man *not* direkt hinter *will*.
Bei **Fragen** rückt *will* an den Satzanfang bzw. hinter das Fragepronomen.

Beispiele:	
Verneinung	She **won't be waiting** for James for ages.
Fragen	**Will** the Prime Minister **be governing** for the next four years?

Gebrauch

Man verwendet das future progressive für Handlungen in der Zukunft, um deren Dauer zu betonen.

Beispiele:
We'll **be staying** in New York for a whole month.
Sarah **will be working** for a charity project for a year.

Future perfect

Das future perfect entspricht im Deutschen dem Futur II.

Bildung

Das future perfect wird mit *will have* und der dritten Form des Verbs (past participle) gebildet. Die Form ist für alle Personen gleich.

Beispiele:
John **will have gone** home by 7 o'clock.
Steve and Laura **will have been** back before midnight.

Bei der **Verneinung** setzt man *not* direkt hinter *will*.
Bei **Fragen** rückt *will* an die Satzspitze bzw. hinter das Fragepronomen.

Beispiele:	
Verneinung	You **won't have done** your homework by the time I get back.
Fragen	**Will** you **have finished** the essay by Monday?

Gebrauch

Man verwendet das future perfect für Handlungen, die in der Zukunft abgeschlossen sein werden. Häufig deuten Zeitangaben wie die folgenden auf das future perfect.

Beispiele:	
by (tomorrow/Tuesday etc.)	I **will have corrected** your class test **by** next Friday.
before (Christmas etc.)	I am sure Mark and Jenny **will have split up before** the summer holidays.

Future perfect progressive

Diese Zeit hat im Deutschen keine Entsprechung.

Bildung

Das future perfect wird mit *will* + *have* + *been* und der *-ing*-Form des Verbs (present participle) gebildet. Die Form ist für alle Personen gleich.

Beispiel:
In 2015 Pauline **will have been working** here for 20 years.

Gebrauch

Im Vergleich zum future perfect verwendet man das future perfect progressive, um eine Dauer zu betonen.

Beispiel:
In June our Pakistani neighbours **will have been living** here for exactly ten years.
At Christmas Mike and Sheila **will have been going** out with each other for almost half a year.

4.4 Zeitenbildung: Überblick

Gegenwart		
simple present	Grundform (+ *-s* bei 3. Pers. Sg.)	Most boys **like** football.
present progressive	*is/are* + ing-Form	Our neighbour's dog **is barking**.
Vergangenheit		
present perfect	*have/has* + past participle	I **have forgotten** my umbrella.
present perfect progressive	*have/has* + been + ing-Form	He **has been living** here since 2003.
simple past	Grundform + *-ed*/ unregelmäßig	I **lost** my keys yesterday.
past progressive	*was/were* + ing-Form	Sam **was watching** TV.
past perfect	*had* + past participle	Kevin **had left** the house at midday.
past perfect progressive	*had* + *been* + ing-Form	She **had been practising** the piano.
Zukunft		
going-to-future	*is/are* + *going to* + Grundform	I **am going to stay** here for two days.
will-future	*will* + Grundform	Christmas Eve **will be** a Saturday.
future progressive	*will* + *be* + ing-Form	She **will be playing** the main part.
future perfect	*will* + *have* + past participle	I **will have finished** it by Monday.
future perfect progressive	*will* + *have* + *been* + ing-Form	I **will have been jogging** for an hour by 6.30.

5 Conditional und Passiv

QUICK-FINDER

5.1 Conditional

Conditional *(we would help)*

Das conditional hat im Deutschen keine Entsprechung. Es ist am ehesten mit dem Konjunktiv II der Gegenwart zu vergleichen.

Bildung

Beim conditional gibt es nur eine Form für alle Personen. Sie setzt sich aus *would* und der Grundform des Vollverbs zusammen.

Beispiele:
The illegal immigrants **would take** any job.
He **would go** anywhere for his best friend.

Achtung: Die Kurzform von *would* kann leicht mit der Kurzform von *had* verwechselt werden, denn beide Hilfsverben werden durch *'d* abgekürzt.

Beispiele:
Before he came here, he'**d** (= had) had a very hard time. I'**d** (= would) leave him alone for a while.

Bei der **Verneinung** wird *not* zwischen *would* und das Vollverb gesetzt.
Bei **Fragen** rückt *would* an die Satzspitze bzw. hinter das Fragepronomen.

Beispiele:	
Verneinung	Maybe I **would change** my name if I got married.
Fragen	**Wouldn't** you **like** to see New York? Why **would** she **do** that?

Gebrauch

Man verwendet das conditional,

- um Wünsche oder Empfehlungen auszudrücken.

Beispiele:
I **wouldn't go** there. It's too dangerous.
I **would learn** the vocabulary for tomorrow. Probably there will be a test.
I **wouldn't tell** him yet.

- um mögliche Handlungen zu beschreiben.

Beispiele:
He **would do** it, but his parents don't allow it.
Sam **would read** the "Time" magazine, but it's too expensive.

- in Bedingungssätzen des Typs II (vgl. S. 127).

Beispiel:
If I was rich, I **would buy** a sports car.

Conditional perfect *(we would have helped)*

Das conditional perfect hat keine Entsprechung im Deutschen. Es ähnelt am ehesten dem Konjunktiv II der Vergangenheit.

Bildung

Das conditional perfect wird mit *would* + *have* und der dritten Form des Verbs (past participle) gebildet. Die Form ist für alle Personen gleich.

Beispiele:
Dave **would have kissed** Naomi, but then Sarah entered the room.
I'**d have taken** the bus instead of the car.

Bei der **Verneinung** setzt man *not* direkt hinter *would*. Bei **Fragen** rückt *would* an den Satzanfang bzw. hinter das Fragepronomen.

Beispiele:

Verneinung	I **wouldn't have left** her if I were you.
Fragen	**Would** you **have left** her alone? Why **wouldn't** you **have gone** to Scotland?

Gebrauch

Man verwendet das conditional perfect
- um auszudrücken, was gewesen sein könnte.

Beispiele:
Mike **would have sent** John the file, but he had problems with his computer.
She **would have liked** to know the answer.

- in Bedingungssätzen des Typs III (vgl. S. 128).

Beispiel:
If I had known that earlier, I **would have decided** differently.

Hinweis: Statt *would* können sowohl im conditional als auch im conditional perfect auch *could, should* oder *might* verwendet werden.

Beispiele:
Why **should** I say sorry?
Sam **might have been** dead now!
You **could have called** me.

5.2 Passiv

Während in Aktivsätzen betont wird, wer etwas macht, steht bei **Passivsätzen die Handlung selbst im Mittelpunkt**. Man benutzt Passivsätze, wenn

- man betonen möchte, **was** passiert ist,
- es unwichtig ist bzw. man nicht genau weiß, wer etwas getan hat.

Bildung
Passivzeiten werden mit einer Form von *be* und der 3. Verbform (past participle) gebildet. Die Form von *be* zeigt dabei die Zeit an. Passivformen können nur mit transitiven Verben (Verben, die ein direktes Objekt haben) gebildet werden.

Beispiele:	**Aktiv ➤ Passiv**
love (mit Objekt)	He loves her. ➤ She **is loved**.
arrive (ohne Objekt)	The train arrives. ➤ *kein Passivsatz möglich*

Übersicht über die Passivzeiten

past perfect *(had been …)*	Rosa Parks **had been arrested** for not giving her seat in a bus to a white person. *Rosa Parks war verhaftet worden, weil sie ihren Sitz im Bus nicht einem Weißen hatte überlassen wollen.*
simple past *(was/were …)*	She **was supported** by the Civil Rights Movement. *Sie wurde von der Bürgerrechtsbewegung unterstützt.*
present perfect *(has/have been …)*	America **has been changed** by the Montgomery Bus Boycott. *America ist durch den Busboykott von Montgomery verändert worden.*
simple present *(is/are …)*	However, even today African-Americans **are** still **discriminated.** *Afro-Amerikaner werden jedoch sogar heute noch diskriminiert.*
will-future *(will be …)*	Many years years **will be needed** to overcome this situation. *Viele Jahre werden notwendig sein, um diesen Zustand zu überwinden.*
going-to-future *(is/are going to be …)*	African-Americans **are going to be given** a better education. *Man hat vor, Afro-Amerikanern eine bessere Ausbildung zu geben.*
future perfect *(will have been …)*	Soon equality **will have been achieved** by coloured people. *Bald werden Farbige Gleichheit erreicht haben.*

Passive progressive *(we are being helped)*

Auch Zeiten in der Verlaufsform können im Passiv stehen. Allerdings werden nur Formen im present progressive und im past progressive verwendet.

Bildung

Die Verlaufsformen im Passiv werden mit einer Form von *be* + *being* + past participle gebildet. Die Form von *be* zeigt auch hier die jeweilige Zeit an.

Beispiele:	
present progressive *(is/are being …)*	The President **is being interviewed** now. *Der Präsident wird gerade befragt.*
past progressive *(was/were being …)*	The non-violent demonstrations **were being filmed**. *Die gewaltfreien Demonstrationen wurden (in dem Moment) gefilmt.*

Gebrauch

Die passive-progressive-Zeiten werden wie die aktiven progressive-Zeiten verwendet: vgl. S. 60, 65, 69, 74.

By-agent

Möchtest du den Verursacher einer Handlung nennen, nimmst du den by-agent: *The book was written by Stephenie Meyer.*

Gegenüber einem Aktivsatz sind im Passiv Subjekt und Objekt vertauscht: Das Objekt des Aktivsatzes wird zum Subjekt, das Subjekt des Aktivsatzes wird zum by-agent. Er steht am Ende des Satzes.

Beispiel:			
Aktiv	**Subjekt**		**Objekt**
	James Cameron	directed	the movie "Titanic".
Passiv	The movie "Titanic"	was directed	by James Cameron.
	Subjekt		**by-agent**

By-agents sind notwendig, wenn man den Verursacher konkret benennen kann (z.B. Komponisten, Autoren). Nicht namentliche Ausdrücke wie *someone, people* oder Pronomen sind als *by-agents* unüblich.

Beispiele:	
Aktivsatz	**Passivsatz**
Barack Obama addressed the nation. Joanne K. Rowling wrote "Harry Potter".	The nation was addressed **by Barack Obama.** "Harry Potter" was written **by Joanne K. Rowling.**
People left their houses in panic after the earthquake. **Someone** had forgotten an umbrella on the train.	Houses were left in panic after the earthquake. An umbrella had been forgotten on the train.

Lehrer-Tipp: Die Übersetzung von *by*

„Im Deutschen kann der Verursacher einer Handlung nicht nur durch die Präposition ‚von' ausgedrückt werden, sondern auch mit Hilfe von ‚durch', was manchmal besser klingt, vor allem, wenn es sich um ‚unbelebte' Verursacher handelt: *The unsinkable ship was damaged* **by** *an iceberg* übersetzt du dann mit ‚Das unsinkbare Schiff wurde **durch** einen Eisberg beschädigt'.

Aber Achtung – umgekehrt geht das nicht: Schreibe niemals ‚through', wenn du im Passivsatz den Verursacher nennen willst!"

Moritz Berger, Gymnasiallehrer in Hannover

Passivkonstruktionen mit Modalverben *(we can be helped)*

Regel: Nach Modalverben wird das Passiv mit dem Infinitiv *be* und der 3. Verbform (past participle) gebildet.

Beispiele:	
Tickets **mustn't be sold** on the black market.	*Eintrittskarten dürfen nicht auf dem Schwarzmarkt verkauft werden.*
The fire **cannot be stopped** by the fire brigade.	*Das Feuer kann von der Feuerwehr nicht aufgehalten werden.*
The minister's remark **should be taken** seriously.	*Die Bemerkung des Ministers sollte ernst genommen werden.*

Besonders wichtig: Das Passiv bei Verben mit zwei Objekten

Lern-Video
www.sofatutor.com/klett/4u

Bei Verben mit zwei Objekten (z. B. *give, send, ask, promise, show* und *tell*) gibt es zwei Möglichkeiten, einen Passivsatz zu bilden. Man kann das **indirekte oder das direkte Objekt zum Subjekt des Passivsatzes** machen.

Subjekt	Prädikat	indirektes Objekt	direktes Objekt
The teacher	gave	Sally	a book.
A book	was given	to Sally.	
Sally	was given		a book.

Beachte: Soll das direkte Objekt zum Subjekt werden, musst du das indirekte Objekt immer mit *to* einleiten.

direkt	indirekt
He was offered a job.	A job was offered to him.
The workers were promised more money.	More money was promised to the workers.

Wird das direkte Objekt zum Subjekt, benutzt du am besten eine Konstruktion mit **man: Man bot ihm einen Job an./Man versprach den Arbeitern mehr Geld.**

Unpersönliches und persönliches Passiv *(it is said .../he is said ...)*

Mit Verben des Denkens, Fühlens, Wissens und Vermutens lassen sich unpersönliche wie persönliche Passivkonstruktionen bilden. Zu diesen Verben gehören:

Beispiele: assume – *annehmen*, believe – *glauben*, claim – *behaupten*, consider – *halten für*, feel – *fühlen*, find – *finden*, know – *wissen*, report – *berichten*, say – *sagen*, suppose – *vermuten*, tell – *erzählen*, think – *denken*, understand – *verstehen*

Unpersönliches Passiv

Die Konstruktion mit *it* als Subjekt lässt den Sprecher bzw. Autor unbeteiligt und neutral wirken. Sie kommt häufig in Sachtexten, z. B. Zeitungsberichten, vor.

Beispiele:	
It was believed that Bush's plan was impossible to realise.	*Man glaubte, dass Bushs Plan unmöglich umzusetzen sei.*
It is reported that three teenagers have killed a homeless person.	*Es heißt, drei Teenager hätten einen Obdachlosen ermordet.*

Hinweis: Eleganter übersetzt du mit **sollen**: **Drei Teenager sollen einen Obdachlosen ermordet haben.**

Persönliches Passiv

Bei der persönlichen Passivkonstruktion wird ein Infinitiv mit *to* angeschlossen.

Beispiele:	
His father is said to be a millionaire.	*Sein Vater soll Millionär sein.*
Cycling is supposed to be healthy.	*Man nimmt an, Radfahren sei gesund.*
Paris Hilton is known to be a party girl.	*Paris Hilton feiert bekanntlich gerne Partys.*

6 Infinitiv, Gerund und Partizip

QUICK-FINDER

6.1 Infinitiv

Infinitive stehen nach bestimmten Verben, Adjektiven und Konstruktionen. Sie werden meist mit *to* eingeleitet.

Infinitiv mit *to* nach Verben

Lern-Video
www.sofatutor.com/klett/4v

Regel: Der Infinitiv mit *to* steht nach
- Verben, die eine **Bitte**, eine **Aufforderung** oder einen **Rat** ausdrücken, z. B. *advise, allow, ask, encourage, expect, force, help, invite, recommend, remind, teach, tell, want* und *warn*,
- Verben, die **Gefühle** ausdrücken, z. B. *like, love, hate*,
- den Verben *afford, agree, arrange, choose, decide, forget, hope, learn, manage, offer, plan, promise, refuse, seem, try*.

Beispiele:	
want	I **want to be** a rock star.
ask	She **asked** me **to stay** at home tonight.
like	I **like to sit** in the sun and relax.
afford	I can't **afford to buy** that pair of jeans.
choose	Mary **chose to forget** what he had done to her.
decide	Harry **has decided to take part** in the experiment.
plan	They **plan to go** to New York in their summer holiday.
promise	Mark **had promised to continue** his engagement.

Infinitiv mit *to* nach Adjektiven

Nicht nur nach Verben, auch nach Adjektiven kann der Infinitiv mit *to* stehen.

Beispiele:
It's **hard to forgive** him.
Dave found it **difficult to know** what was right.

Infinitiv mit *to* nach *for* + Substantiv

Auch wenn das Adjektiv durch eine präpositionale Ergänzung näher bestimmt wird, folgt der Infinitiv.

Beispiele:
It was **easy for** the children **to follow** the lesson.
It will be **impossible for** John **to solve** that problem.

Hinweis: Im Deutschen gibst du den Infinitiv am besten mit **zu** oder einem Nebensatz (..., dass) wieder.

Infinitiv mit *to* statt Nebensatz

In bestimmten Konstruktionen ist es möglich, einen Infinitiv anstelle eines Nebensatzes mit einem Fragewort oder Relativpronomen zu verwenden.

Infinitiv mit *to* nach Fragewort

Nach Fragewörtern wie *when, where, what* und *how* kann anstelles eines ausformulierten Nebensatzes auch der Infinitiv mit *to* stehen.

Beispiele:	
Nebensatz	Fragewort + Infinitiv mit *to*
Naomi asked me **what she should do.**	Naomi asked me **what to do.**
I explained to him **how he could get** to the Statue of Liberty.	I explained to **him how to get** to the Statue of Liberty.
Mrs McPherson informs the students **when they should use** a dictionary.	Mrs McPherson informs the students **when to use** a dictionary.

In diesen Konstruktionen steht der Infinitiv häufig anstelle eines Satzes mit einem Modalverb (*can, should* etc.), so dass der Infinitiv vielfach am besten mit **können** oder **sollen** übersetzt wird.

Infinitiv mit *to* anstelle eines Relativsatzes

Infinitive können auch Relativsätze elegant ersetzen. Dabei fallen das jeweilige Relativpronomen und ein möglicherweise vorhandenes Modalverb einfach weg.

Beispiele:	
Relativsatz	Substantiv + Infinitiv mit *to*
The bike **that must be repaired** is in the cellar.	The bike **to be repaired** is in the cellar.
Your history teacher is the **expert who you should ask** about that.	Your history teacher is the **expert to ask** about that.

Ähnlich verhält es sich bei Konstruktionen mit Superlativen (z. B. *the first, the last, the best*), auf die ein Relativsatz folgt. Auch hier wird häufig stattdessen ein Infinitiv gebraucht.

Beispiele:

Relativsatz	Superlativ + Infinitiv mit *to*
He was **the last who left** the sinking ship.	He was **the last to leave** the sinking ship.
Bob was the **first who complained** about the exam.	Bob was **the first to complain** about the exam.

Infinitiv mit *to* anstelle eines Satzes mit *because*

Der Infinitiv mit *to* kann auch eine Absicht oder einen Zweck ausdrücken. In diesen Fällen steht er anstelle eines längeren Nebensatzes mit *because*.

Beispiele:

Nebensatz mit *because*	Infinitiv mit *to*
They stopped working **because they wanted to watch** the news.	They stopped working **to watch** the news.

Infinitiv ohne *to*

Regel: Nach einigen wenigen Verben steht der Infinitiv ohne *to*:

- nach Verben der **Wahrnehmung** (z. B. *feel, hear, notice, see, watch*). Das Substantiv vor dem Infinitiv ist Objekt des übergeordneten Satzes und Subjekt des nachfolgenden Prädikats.

Beispiele:
I **saw him come**.
Have you **heard her scream**?
Harry **watches Sally copy** the German homework.
Becky **noticed her classmates laugh** about her mistakes.

- nach **Modalverben**:

Beispiele:
They **could go** to school by bus.
They **needn't walk** to the school building in the rain.

- nach *let* und *make*:

Beispiele:
The terrorists **let** the hostages in the plane **go** to the toilet.
The terrorists **made** the hostages in the plane **stand up**.

6.2 Gerund

Regel: Die Aktivform des gerund besteht aus dem Infinitiv + *-ing*. Die Passivform setzt sich aus *being* + 3. Verbform (past participle) zusammen.

Beispiele:	
Aktivform	I hate **learning** French. *Ich hasse es, Französisch zu lernen.*
Passivform	I can't stand **being told** lies. *Ich kann es nicht vertragen, wenn man mich anlügt.*

Gebrauch des gerund

Das gerund ist ein substantiviertes Verb. Das heißt, es ist eine Verbform, die viele Eigenschaften eines Substantivs aufweist. So kann das gerund sowohl als Subjekt oder Objekt eines Satzes verwendet werden.

Gerund als Subjekt

Das gerund kann als Subjekt eines Satzes alleine stehen. Daneben kann es auch eine Ergänzung haben (z.B. mit einem Objekt oder einer adverbialen Bestimmung).

Beispiele:	
Mountain biking is fun.	*Mountainbiken macht Spaß.*
Learning languages is quite difficult.	*Sprachen zu lernen ist ganz schön schwierig.*
Travelling to London is very expensive.	*Nach London zu reisen ist sehr teuer.*

Gerund als Objekt

Das Gleiche gilt, wenn das gerund als Objekt verwendet wird.

Beispiele:	
Mike prefers **surfing** to **swimming**.	*Mike surft lieber, als dass er schwimmt.*
Most girls like **talking to a friend** on the phone for hours.	*Die meisten Mädchen telefonieren gern stundenlang mit einer Freundin.*
I don't mind **staying at home** this evening.	*Ich habe nichts dagegen, heute Abend zu Hause zu bleiben.*

Lehrer-Tipp: Die Übersetzung von gerunds

„Versuche eine freiere Übersetzung, indem du das gerund nicht immer stur als Verb übersetzt. Den Satz *The Mexicans are tired of* ***living*** *under miserable conditions* kannst du zwar richtig mit ‚Die Mexikaner haben es satt, in ärmlichen Verhältnissen **zu leben**' übersetzen, eleganter klingt im Deutschen aber der Nominalstil: ‚Sie haben **das Leben** in elenden Verhältnissen satt.'"

Franka Beyer, Gymnasiallehrerin in Hamburg

Gerund nach Präpositionen

Regel: Am häufigsten folgen gerunds auf Präpositionen in bestimmten sprachlichen Konstruktionen:

- **Substantiv + Präposition + gerund**

Beispiele:	
chance of	There was no **chance of getting away** without being seen.
danger of	The thief was in **danger of being caught**.
difficulty in	Dave has no **difficulty in learning** languages.
experience in	Our teacher has little **experience in teaching** English.
interest in	He lost **interest in following** the news.
possibility of	Mike will have the **possibility of spending** a year abroad.
reason for	There is no **reason for being** happy.
trouble in	They had little **trouble in finding** the right person for the job.

- ***Be*** **+ Adjektiv + Präposition + gerund:** *be afraid of, be ashamed of, be crazy about, be famous for, be fond of, be good/bad at, be interested in, be keen on, be sorry for, be tired/sick of* und *be worried about.*

Beispiele:
Tom **is fond of skiing.**
Mr O'Brian **is good at teaching** English.
Dad, I'**m sorry for causing** you any trouble!
Shut up! I'**m sick of having** to remind you of your homework every day.
Don't **be worried about** leaving the window open. It won't rain.

- **Verben + Präposition + gerund:** *apologize for, carry on, dream of, give up, go on, keep (on), look forward to, succeed in, talk about, think of, thank for.*

Beispiele:
They **carried on moving** west.
Sam **gave up learning** vocabulary.
The fire brigade **kept on looking for** the lost cat.
Mrs Mason was **looking forward to inviting** some friends to tea.

- ***instead of, in spite of*** + gerund

Beispiele:
Instead of leaving as soon as possible, Mark and Sue slept till 10 o'clock.
In spite of working hard before the exam, I got a D only.

Gerund nach Verben ohne Präposition

Regel: Ein gerund kann auch nach bestimmten Verben stehen, ohne dass diese eine Präposition bei sich haben:

- **Verben der Vorliebe oder Abneigung** wie *enjoy, like, love, dislike, hate, cannot stand.*

Beispiele:
Paul's father **hates doing the** washing-up.
I **enjoy going** to the drama group at our school.
Sue and Jody **like flirting** with boys.

- Nach den folgenden Verben kann sowohl gerund als auch Infinitiv stehen.

Beispiele:	
admit	He **admitted having killed** the man.
avoid	Sally **avoided looking** into his eyes.
consider	They **considered going** to the cinema.
deny	Mark **denied having lost** his jacket.
finish	Sarah has **finished watching** TV.
imagine	**Imagine acting** in a Hollywood film.
keep	**Keep going**!
mention	They **mentioned seeing** John in the bar.
mind	Do you **mind closing** the window, please?
miss	She **missed talking** to her best friend.
practice	Bob **practices playing** the guitar every day.
resist	The thief **resisted telling** the police anything.
suggest	John **suggested taking** the other way.

Besonders wichtig: Gerund oder Infinitiv?

Lern-Video
www.sofatutor.com/klett/4w

Manche Verben können sowohl mit Infinitiv als auch mit gerund stehen. **Achtung**: Es macht einen Unterschied in der Bedeutung, ob du Infinitiv oder gerund verwendest.

Stop

Stop + Infinitiv heißt, dass man mit etwas aufhört, um etwas anderes zu erledigen. *Stop* + gerund drückt aus, dass man aufhört, etwas zu tun.

Beispiel:

Ben **stopped to work** on his presentation. *Ben hörte (mit etwas anderem!) auf, um an seiner Präsentation zu arbeiten.*	Ben **stopped working** on his presentation. *Ben hörte auf, an seiner Präsentation zu arbeiten.*

Mean

Der Infinitiv nach *mean* bedeutet, dass etwas beabsichtigt ist. *Mean* mit gerund drückt aus, dass etwas getan werden muss.

Beispiel:

I **meant to take** a taxi, but I couldn't find one. *Ich wollte ein Taxi nehmen, aber ich konnte keines finden.*	The buses were on strike. That **meant going** by taxi. *Die Busse streikten. Das bedeutete, dass ich ein Taxi nehmen musste.*

Forget* und *regret

Ähnliches gilt für *forget* und *regret*. Mit dem gerund wird ein Bezug zur Vergangenheit hergestellt.

Beispiel:	
Don't **forget to bring** along some money. *Vergiss nicht, etwas Geld mitzunehmen.*	Have you really **forgotten apologising** to him? *Hast du wirklich vergessen, dich bei ihm zu entschuldigen?*

Remember

Bezieht sich *remember* auf die Vergangenheit, folgt ein gerund. Soll aber an etwas in der Gegenwart oder Zukunft gedacht werden, brauchst du den Infinitiv mit *to*.

Beispiel:	
Remember to buy a birthday present for her! *Denk daran, ein Geburtstagsgeschenk für sie zu kaufen!*	I **remember seeing** this film at the cinema some years ago. *Ich erinnere mich daran, diesen Film vor Jahren im Kino gesehen zu haben.*

6.3 Partizip

Partizipien sind wie Infinitive unveränderliche Verbformen. Man unterscheidet zwischen dem Partizip Präsens (present participle) und dem Partizip Perfekt (past participle).

Present participle *(surprising)*

Regel: Das present participle ist eine **aktive** Verbform. Es wird gebildet aus der Grundform des Verbs + *-ing*.

Man gebraucht es

- für die Bildung der progressive-Zeiten, z.B. *is going, was going*,
- als Attribut oder Prädikatsnomen mit aktiver Bedeutung, z.B. *an exciting story/the story was exciting*,
- nach Verben der Bewegung und der Ruhe, um eine zweite gleichzeitige Handlung auszudrücken.

Beispiele:
Alan **came warning** the other boys in his class.
She **ran crying** to her best friend.
James **sat listening** to his teacher.

Past participle *(surprised)*

Regel: Das past participle ist eine **passive** Verbform. Sie wird gebildet aus der Grundform + *-ed*. Unregelmäßige Verben haben eigene Formen.

Man gebraucht es

- für die Bildung des present perfect, past perfect, future perfect, conditional perfect und für alle Passivformen,

- als Attribut oder Prädikatsnomen mit passiver Bedeutung, z. B. *an unexpected result/the result was unexpected.*

Partizip zur Verbindung von Hauptsätzen

Sowohl das present participle als auch das past participle können dazu verwendet werden, zwei Hauptsätze elegant miteinander zu verbinden.

Beispiele:	
zwei Hauptsätze	verbunden durch participle
The bus driver watched a woman in the back row. **She was reading** a newspaper.	The bus driver watched a woman in the back row **reading** a newspaper.

Partizip statt notwendiger Relativsatz

Partizipien können auch notwendige Relativsätze ersetzen, wenn das Relativpronomen Subjekt des Relativsatzes ist. Das present participle ersetzt aktive Verbformen, das past participle steht für passive Konstruktionen.

Beispiele:	
notwendiger Relativsatz	ersetzt durch participle
I saw a man **who looked** like George Clooney.	I saw a man **looking** like George Clooney.
I saw the man **who had been shot** by the police.	I saw the man **shot** by the police.

Partizip zur Verkürzung von Nebensätzen

Partizipien können auch temporale, kausale oder konzessive Nebensätze in einem Satzgefüge verkürzen. Die Konjunktion kann – muss aber nicht – bei der Verkürzung wegfallen. Fehlt die Konjunktion, sind die Bezüge nicht immer eindeutig.

Achtung: Die Verkürzung ist nur möglich, wenn Haupt- und Nebensatz das gleiche Subjekt haben!

Temporale Nebensätze verkürzt mit participle

Temporale Nebensätze geben einen Zeitumstand an.

Beispiele:	
While Bryan **was listening** to his new CD, he did his homework.	(While) **listening** to his new CD, Bryan did his homework.
After Sheila **had left him**, she felt better.	**Having left** him, Sheila felt better.
When Mike's parents **were told** about their son's behaviour by the teacher, they were shocked.	When **told** about their son's behaviour by the teacher, Mike's parents were shocked.
After he **had been caught** by the police, he confessed everything.	**Caught** by the police, he confessed everything.

Konzessive Nebensätze verkürzt mit participle

Konzessive Nebensätze schränken etwas ein.

Beispiele:	
Although she **felt** lonely, she didn't tell her parents	Although **feeling** lonely, she didn't tell her parents.
Though it **was kept** secret, it came out that they had split.	Though **kept** secret, it came out that they had split.

Kausale Nebensätze verkürzt mit participle

Kausale Nebensätze begründen einen Sachverhalt.

Beispiele:	
John's family left earlier because **they were surprised** by the hotel prices in New York.	John's family left earlier, **surprised** by the hotel prices in New York.
As/Because **they knew** his handicap, they were surprised how fast he could run.	**Knowing** his handicap, they were surprised how fast he could run.

7 Satzarten

QUICK-FINDER

7.1 Aussagesätze

Subjekt – Prädikat – Objekt

Regeln:

- Während im Deutschen ein ziemlich variantenreicher Satzbau möglich ist, gibt es im Englischen eine streng festgelegte Wortstellung im Satz: **Subjekt – Prädikat – Objekt** (S – P – O): *I like you.*
- Allein die Position im Satz entscheidet darüber, was Subjekt und Objekt ist. Es gilt für den Aussagesatz generell: **Das Substantiv vor dem Prädikat ist immer das Subjekt.**
- Die Satzstellung S – P – O gilt, im Gegensatz zum Deutschen, auch für den Nebensatz.

Beispiel:				
Hauptsatz				
Subjekt		**Prädikat**	**Objekt**	
Sue		slapped	Paul ...	
Sue		*ohrfeigte*	*Paul ...*	
Nebensatz				
	Subjekt	**Prädikat**	**Objekt**	**Prädikat**
... when	he	tried to kiss	her.	
... als	*er*		*sie*	*zu küssen versuchte.*

- Das **Prädikat** steht im Englischen stets vollständig **vor dem Objekt**. Dies trifft auch auf Sätze mit Modalverben zu: *I can sing a song.*

Wortstellung bei Verben mit zwei Objekten

Lern-Video
www.sofatutor.com/klett/4x

Verben wie *buy, give, lend, borrow* und *send* haben ein direktes und ein indirektes Objekt. Im Englischen ist aber die Art des Objektes bzw. der Kasus nicht zu erkennen, so dass nur eine festgelegte Reihenfolge Aufschluss darüber gibt, welches Objekt das direkte bzw. das indirekte ist.

Unbetonte Wortstellung

Regel: Das indirekte Objekt steht unmittelbar vor dem direkten Objekt.

Beispiele:

Subjekt	Prädikat	indirektes Objekt	direktes Objekt
Jamie	gave	Mark	the tickets.
Dave	lent	his brother	the money.

Betonte Wortstellung

Regel: Soll das indirekte Objekt betont werden, so stellst du es hinter das direkte Objekt. In diesem Fall muss das indirekte Objekt mit *to* versehen werden.

Beispiele:

Subjekt	Prädikat	indirektes Objekt	direktes Objekt mit *to*
Jamie	gave	the tickets	to Mark.
Dave	lent	the money	to his brother.

Stellung von Adverbien, Ort- und Zeitangaben

Adverbien, Orts- und Zeitangaben können nur an bestimmten festgelegten Stellen des Satzes stehen, die die grundsätzliche Wortstellung von Subjekt – Prädikat – Objekt jedoch nicht verändern.

Regeln:

- **Adverbien der Art und Weise** stehen meist in Endposition im Satz, also in der Regel hinter dem Verb, können aber auch am Satzanfang stehen.

Beispiele:
Mark looked back **secretly**.
He spoke English **well**.
"Be quiet," the teacher shouted **angrily**.
Silently she looked at him.

- **Adverbien des Ortes und der Zeit** wie *here, everywhere, now, soon, tomorrow* stehen normalerweise in Endposition, können aber auch am Anfang stehen, wenn ein Gegensatz deutlich gemacht werden soll.

Beispiele:
They couldn't find him, although they had looked **everywhere**.
I lost my bag **yesterday**.
He usually reads the paper in the morning. But **yesterday** he read it in the afternoon.

- **Häufigkeitsadverbien** wie *often, already, always, sometimes, ever* und *never* stehen vor dem Vollverb. Ist das Prädikat mehrteilig, stehen sie nach dem ersten Hilfsverb.

Achtung: Besteht das Prädikat nur aus einer Form von *be*, steht das Adverb danach.

Beispiele:
We **never** believed him.
Ben has **always** wanted to go to New York.
My brother is **often** strange.

- **Gradadverbien** wie *nearly, rather, really, hardly, completely* und *very* stehen unmittelbar vor dem Verb oder Adjektiv, das sie näher bestimmen; bei einer Vollverbform von *be* stehen sie danach.

Beispiele:
Ben has **nearly** lost his father in the crowd.
The neighbourhood is **really** nice.
The English are supposed to be **rather** reserved.

- **Satzadverbien**
  Satzadverbien bestimmen nicht nur das Verb näher, sondern den ganzen Satz. Sie stehen daher zu Beginn des Satzes. Zu ihnen zählen z. B. *(un)luckily, (un)fortunately, in fact, of course, naturally, obviously* und *perhaps.*

Beispiele:
Of course Bill could have come.
Unfortunately they were running out of time.
Obviously the British have prejudices towards the European Union.

Besonders wichtig:
Die Reihenfolge der Adverbien im Satz

Treffen Adverbien oder adverbiale Bestimmungen des Ortes und der Zeit am Ende aufeinander, gilt die Regel: **Ort vor Zeit.**

Beispiele:
She said she saw a ghost in the cellar last Monday.
I went home at three o'clock.
Did you see her in school yesterday morning?

Wenn die Handlung noch durch ein Adverb der Art und Weise ergänzt wird, gilt die Reihenfolge **manner – place – time (M – P – T).**

Subjekt	Prädikat	manner	place	time
Tim	goes	secretly	to the party	at the weekend.
She	swam	well	at the contest	yesterday.
Mr Norris	changed trains	fastly	in Berlin	last year.

Inversion

Lern-Video
www.sofatutor.com/klett/4y

Nach bestimmten negativen Satzadverbien am Satzanfang kann es zu einer veränderten Satzstellung kommen, der sogenannten Inversion.

Regel: Finites Hilfsverb und Subjekt werden vertauscht. Ist kein Hilfsverb vorhanden, nimm eine Form von *do*.

Beispiele:	
hardly	**Hardly did** he manage to come to the theatre in time.
neither ... nor	**Neither had** he noticed that he sat in the wrong seat **nor had** he missed his wife.
no sooner ... than	**No sooner did** he arrive **than** the musical began.
never	**Never had** he seen such a brilliant performance.
rarely	**Rarely had** he been so happy as in that moment.
seldom	**Seldom could** you see a star like her live on stage.

Einen Sonderfall bildet das Wörtchen *so*, das nur in einem bestätigenden Zusammenhang gebraucht wird.

Beispiel:
Brian saw Madonna in concert in Cologne. – **So did** I.

7.2 Fragesätze

Fragesätze haben eine andere Satzstellung als Aussagesätze, da ein Hilfsverb vor das Subjekt rückt. Es gibt **Entscheidungs-** und **Ergänzungsfragen**.

Entscheidungsfragen

Entscheidungsfragen haben kein Fragewort.

Regeln:

- Möchtest du eine Entscheidungsfrage aus einem Aussagesatz bilden, musst du das finite Hilfsverb und das Subjekt vertauschen.

Beispiele:	
Aussagesatz	**Computers have** changed our lives.
Entscheidungsfrage	**Have computers** changed our lives?

- Ist kein Hilfsverb vorhanden, hilft eine Form von *do*, die Zeit und Person ausdrückt.

Beispiele:	
Aussagesatz	Frage
People **spend** hours in front of a computer screen.	**Do** people **spend** hours in front of a computer screen?
Mike **plays** computer games every night.	**Does** Mike **play** computer games every night?
Harry **copied** his essay from the Internet.	**Did** Harry **copy** his essay from the Internet?

7

Ergänzungsfragen

Ergänzungsfragen können nach Subjekt und Objekten, Besitzverhältnissen oder adverbialen Bestimmungen fragen. Ergänzungsfragen beginnen mit einem **Fragepronomen**, z. B. *when, where, why, how, what, who, whose.* Danach folgen sie den Regeln der Bildung von Entscheidungsfragen.

Beispiele:
Where have you got your laptop?
When was the Internet invented?
Whose iPod can I borrow?
How fast can you download that video?
Why are you going to buy an Apple computer?

Fragen mit *who* und *what*

Bei Fragen mit *who* und *what* kommt es darauf an, nach welchem Satzglied gefragt wird.

Regeln:

- Ist *who* bzw. *what* das **Subjekt** des Satzes, benötigt man **kein Hilfsverb.** Die Satzstellung ist die des Hauptsatzes.
- Ist das Fragepronomen aber **Objekt** des Satzes, muss die Frage **mit einem Hilfsverb** gebildet werden.

Beispiele:

who/what als Subjekt	*who/what* als Objekt
Who is Bill Gates?	**Who can I ask** about Microsoft?
What is your e-mail address?	**What do you think** about that software programme?

Fragen mit *what* oder *which*

Regel: *What* fragt nach Dingen mit einer unbegrenzten Auswahl. *Which* benutzt man bei beschränkter Auswahl.

Beispiele:
What do you want?
Which subject do you like more? Biology or Physics?

Question tags *(isn't it?)*

Lern-Video
www.sofatutor.com/klett/4z

Question tags sind Frageanhängsel am Ende eines Aussagesatzes. Du benutzt sie, wenn du die Zustimmung oder Bestätigung deines Gesprächspartners erwartest. Das question tag greift das Hilfsverb und das Subjekt des Aussagesatzes wieder auf. Im Deutschen gibst du es am besten mit **oder (nicht)** bzw. **nicht wahr** wieder.

Regeln:
- Die Satzstellung des question tag entspricht der der normalen Fragebildung, d.h. Subjekt und Prädikat sind vertauscht. Dabei wandelt man das Subjekt in ein Personalpronomen um.
- Die Zeit des question tag entspricht der des Vollverbs im Satz.

Beispiele:

Aussagesatz	question tag
Malcolm X **was** the leader of a Civil Rights Movement,	**wasn't he?**
White racists **couldn't** understand the African-American protest,	**could they?**

- Liegt kein Hilfsverb im Aussagesatz vor, so wird – entsprechend den Regeln der Fragebildung – das Vollverb durch eine Form von *do* in der Bestätigungsfrage ersetzt.

Beispiele:
Martin Luther King **achieved** his aims with non-violent demonstrations, **didn't he**?
Obama **fulfils** King's dream of equality, **doesn't he**?

- Aussagesatz und question tag sind immer gegensätzlich gepolt: Ist der Aussagesatz bejaht, wird die Bestätigungsfrage verneint und umgekehrt.

Beispiele:

Aussagesatz (+)	question tag (–)
His parents **came** from Italy,	**didn't** they?
Aussagesatz (–)	question tag (+)
She **doesn't talk** very much,	**does** she?

Lehrertipp: Question tags sinnvoll einsetzen

„Mit question tags kannst du ein Gespräch lebendiger machen. Den Einsatz von question tags kannst du am besten mit einem Partner üben. Sucht euch ein beliebiges Thema, dann werft euch die Bälle zu, indem ihr am Ende eurer Sätze jeweils einen question tag anbringt:

Look! This is the actress who played in 'Titanic', ***isn't it****? – Yes, and she was very good,* ***wasn't she****? – I think so. She hasn't played in a lot of films since,* ***has she****? – Yes, she has. You saw 'The Reader',* ***didn't you****? – Well, ...*"

Elisabeth Maier, Gymnasiallehrerin in Bremen

7.3 Aufforderungen, Vorschläge und Verbote

Aufforderungen weichen ebenfalls von der Wortstellung des Aussagesatzes (S – P – O) ab und haben immer ein Verb am Satzanfang. Je nach Charakter der Aufforderung musst du unterschiedliche Formen bzw. Verben verwenden.

Hinweise, Aufforderungen und Vorschläge

Mit bejahten Aufforderungen kannst du einen Hinweis oder eine Anweisung geben.

Regel: Das auffordernde Verb am Satzanfang hat die Form wie der Infinitiv. Möchtest du weniger verbindlich sein oder einen Vorschlag machen, verwendest du *let's* und den Infinitiv.

Beispiele:
Close your eyes.
Send me the file as soon as possible.
Let's meet at 8 o'clock.

Verbote und Ermahnungen

Regel: Für Verbote und Ermahnungen brauchst du den verneinten Imperativ. Dazu setzst du *don't* oder *do not* (sehr förmlich) vor den Infinitiv.

Beispiele:
Don't treat me like a child.
Do not lean out of the window.

8 Satzgefüge

QUICK-FINDER

8.1 Sätze mit Konjunktionen

Konjunktionen verbinden in einem Satzgefüge einen Hauptsatz und einen Nebensatz miteinander. Man nennt sie daher auch Bindewörter. Satzgefüge mit Konjunktionen sind ein Merkmal guten Stils.

After, although, as soon as, before, until

Diese Konjunktionen können in einem Satzgefüge einen Nebensatz einleiten.

Beispiele:	
after – *nachdem*	**After** Sally had dropped out of school, she worked for Greenpeace.
although – *obwohl*	Robert and Ben were still copying the English homework **although** the teacher had entered the classroom.
as soon as – *sobald*	**As soon as** they arrived in London, they went to Buckingham Palace.
before – *bevor*	Come to me **before** telling it to your parents.
until – *bis*	We watched TV **until** our parents came home.

Hinweis: Steht der Nebensatz nach dem Hauptsatz, so setzt man im Englischen vor der Konjunktion **kein** Komma!

When

Die Konjunktion *when* kann im Deutschen zwei Bedeutungen haben: **wenn** oder **als**.

Beispiele:	
We were waiting for Sarah **when** suddenly the telephone rang.	*Wir warteten auf Sarah, als plötzlich das Telefon läutete.*
When John is 18, he will get a car from his parents.	*Wenn John 18 ist, bekommt er ein Auto von seinen Eltern.*

But, because, so that

Die Konjunktionen *so that*, *but* und *because* können nicht am Satzanfang stehen.

Beispiele:	
so that – *so dass*	Most Australians don't live near a hospital **so that** the Flying Doctor Service has to care for them.
but – *aber, sondern*	Laura didn't want to show that she was hurt **but** then she started to cry.
because – *weil*	Everything was all right at first **because** the weather was fine.

8.2 If-Sätze

If-Sätze bestehen aus einem Haupt- und einem Nebensatz. Im Nebensatz wird mit *if* eine Bedingung formuliert, die erfüllbar oder unerfüllbar sein kann.
Es gibt – je nach Erfüllbarkeit der Bedingung – drei unterschiedliche Typen.

Typ I

Die **Bedingung** bezieht sich auf die **Gegenwart** oder die **Zukunft** und ist somit prinzipiell **erfüllbar**.

Regel: Bei diesem Typ des Bedingungssatzes steht der If-Satz im simple present. Beim Hauptsatz verwendest du das will-future: Er drückt eine Folge für die Zukunft aus, die eintritt, wenn die Bedingung erfüllt ist.

Beispiele:

If-Satz: simple present	Hauptsatz: will-future
If it **rains**,	we **will stay** at home.
"If the experiment **works**,	you **will see** a white flame," said the Chemistry teacher.

8

Lehrer-Tipp: If oder when?

„Im Deutschen neigen wir leicht dazu, *if* und *when* zu verwechseln, da wir beide Wörter mit ‚wenn' übersetzen können. Die Engländer unterscheiden hier: *When* hat mit einem Zeitpunkt zu tun, *if* drückt eine Möglichkeit aus. Wenn du unsicher bist, prüfe, ob du dein ‚wenn' auch mit ‚falls' ausdrücken kannst: Wenn ja, nimm *if*!

If *I arrive before 10.30, I'll give you a call:* Wenn (= **falls**) ich vor 10.30 Uhr ankomme, rufe ich dich an.

When *I arrive, I'll give you a call*: Wenn (= **dann, wenn**) ich ankomme, rufe ich dich an."

Jana Kutzner, Gymnasiallehrerin in Stuttgart

Typ II

Die im If-Satz formulierte **Bedingung** bezieht sich auf die **Gegenwart** oder **Zukunft** und ist somit in aller Regel prinzipiell **möglich**, doch ziemlich **unwahrscheinlich**.

Regel: Der If-Satz steht im simple past, im Hauptsatz verwendet man das conditional (*would* + Infinitiv).

Beispiele:	
If-Satz: simple past	**Hauptsatz: conditional**
If I **won** two million euros, If I **met** the American President,	I **would travel** around the world for a year. I **would ask** him about his life in the White House.

Typ III

Während sich die If-Sätze Typ I und II auf die Zukunft beziehen, blicken If-Sätze des Typs III auf die **Vergangenheit** zurück: Das Ergebnis einer Handlung ist schon bekannt und kann nicht mehr verändert werden, die Bedingung ist also **unerfüllbar geblieben**.

Regel: Der If-Satz steht im past perfect (*had* + past participle). Im Hauptsatz folgt das conditional perfect (*would have* + past participle).

Beispiele:	
If-Satz: past perfect	**Hauptsatz: conditional perfect**
If I **hadn't fallen** in love with Jamie, If Ben **had not seen** her taking drugs,	I **would have noticed** her strange behaviour. he **wouldn't have believed** it.

Neben *would* können im Hauptsatz der If-Sätze Typ II und III auch andere Hilfsverben wie z. B. *might, could, should* gebraucht werden, um mögliche Folgen auszudrücken.

Überblick: If-Sätze

Lern-Video
www.sofatutor.com/klett/51

Hier findest du noch einmal alle drei If-Satz-Typen auf einen Blick zusammengestellt.

Beispiele:

	Hauptsatz	Nebensatz
Typ I	simple present	will-future
	If we go to London,	we'll visit the Queen.
Typ II	simple past	conditional
	If we went to London,	we would visit the Queen.
Typ III	past perfect	conditional perfect
	If we had gone to London,	we would have visited the Queen.

Achtung: In einem If-Satz darf **niemals** *would* stehen! Das gilt für alle If-Satz-Typen!

8.3 Relativsätze

Notwendige und nicht notwendige Relativsätze

Lern-Video
www.sofatutor.com/klett/52

Relativsätze sind Nebensätze, die durch ein Relativpronomen eingeleitet werden und einen übergeordneten Hauptsatz näher bestimmen. Unterscheide
- **notwendige Relativsätze** (defining relative clauses),
- **nicht notwendige Relativsätze** (non-defining relative clauses).

Notwendige Relativsätze

Regel: Sie geben Informationen, ohne die der Satz nicht verständlich wäre. Sie dürfen daher nicht weggelassen werden.

Beispiele:
The man **who influenced Martin Luther King most** is Mahatma Ghandi.
The book **which/that I like best** is "Harry Potter and the Philosophers' Stone".

Achtung: Bei notwendigen Relativsätzen steht im Englischen kein Komma! Es sollte auch keine Sprechpause entstehen. Damit wird verdeutlicht, dass der Relativsatz nicht vom Hauptsatz zu trennen ist.

Nicht notwendige Relativsätze

Regel: Nicht notwendige Relativsätze geben eine Zusatzinformation zur Hauptaussage. Man würde die Aussage auch ohne den Relativsatz verstehen, könnte ihn also auch weglassen. Nicht notwendige Relativsätze werden zur Verdeutlichung, dass es sich um einen Einschub handelt, durch Kommas abgetrennt. Diese wirken auch als Sprechpause.

Beispiele:
Brad Pitt, **who is one of the best-earning actors**, gets ten million dollars for his new film.
We spent our holidays in Brighton, **which is at the seaside.**

Besonders wichtig: Contact clauses

Lern-Video
www.sofatutor.com/klett/53

Wenn das Relativpronomen in einem notwendigen Relativsatz anstelle eines Objekts verwendet wird, kann man es auch weglassen. Diese Art der Verbindung nennt man contact clause.

Beispiele:
That's **a song which I can't forget** =
That's **a song I can't forget.**
There's **the girl who I talked** to yesterday =
There's **the girl I talked** to yesterday.
We read **the book that he recommended.** =
We read **the book he recommended.**

Hinweis: Bei contact clauses steht **kein Komma** zwischen Hauptsatz und Relativsatz. Beim Sprechen solltest du auch keine Pause zwischendurch machen.

Who, which, that

Personen und Dinge erfordern unterschiedliche Pronomen.

- Bei Personen nimmt man *who* oder *that*.
- *Which* oder *that* muss man gebrauchen, wenn sich der Relativsatz auf Dinge bezieht.
- *That* darf nur in notwendigen Relativsätzen stehen.

Beispiele:
Look! That's the girl **who** won the 200 metres.
My favourite jeans, **which** I wanted to wear tonight, is dirty.
The subject **that** I fear most is Maths.

Which als satzbezügliches Relativpronomen

Which muss sich nicht unbedingt auf ein Substantiv beziehen, sondern kann auch einen ganzen Satz bzw. die ganze Handlung als Bezugspunkt haben.

Beispiel:

which als substantivbestimmendes Relativpronomen	*which* als satzbezügliches Relativpronomen
Laura was wearing a tight T-shirt, which all the boys liked to see. *Laura trug ein enges T-Shirt, welches (= das T-Shirt) alle Jungen gerne sahen.*	Laura was wearing a tight T-shirt, which all the boys liked to see. *Laura trug ein enges T-Shirt, was alle Jungen gerne sahen (= die Tatsache, dass sie ein enges T-Shirt trug).*

Whose und *of which*

Regel: *Whose* und *of which* drücken einen **Besitz** oder eine **Zugehörigkeit** aus.

- *Whose* gebraucht man bei Personen. Es wird immer von einem Substantiv begleitet.

Beispiele:
Bill Gates, **whose company** Microsoft makes billions every year, is the richest man in the world.
Prince Charles, **whose wife** Diana died in a car accident, will probably be the next king.
Francis, **whose father** is French, is a great cook.

- *Of which* verwendest du bei Dingen. Es steht nicht am Anfang des Relativsatzes, sondern wird nachgestellt. Dadurch wirkt es sehr formal, so dass es vor allem im schriftlichen Sprachgebrauch zu finden ist.

Beispiele:
Over 200 million people live in the USA, the capital **of which** is Washington.
There are a lot of theme parks in Orlando, the most popular **of which** is Disneyland.
Here are the two applications, both **of which** seem to be unsatisfactory.

Relativpronomen als Subjekt oder Objekt

Grundsätzlich kann das Relativpronomen Subjekt oder Objekt des Relativsatzes sein.

Relativpronomen als Subjekt

Beispiel:			
Hauptsatz	Relativsatz		
	Pronomen als Subjekt	Prädikat	(adverbiale Ergänzung)
An explorer is a man	who	travels	(to unknown countries).

Relativpronomen als Objekt

Beispiel:			
Hauptsatz	Relativsatz		
	Pronomen als Objekt	Subjekt	Prädikat
I love the pizza	that	you	made.

Relativpronomen bei Verben mit Präposition

Bei Verben mit einer Präposition kann die Präposition an mehreren Stellen des Satzes stehen:

- Sie kann vor dem Relativpronomen stehen (eher im schriftlichen Ausdruck zu finden),
- sie kann aber auch hinter dem Verb stehen.

Beispiele:
That's the town **about which** I have told you.
That's the town **which** I have told you **about**.
Here's the book **which** you've been looking **for**.
Here's the book **for which** you've been looking.

Im normalen Sprachgebrauch kannst du bei notwendigen Relativsätzen das Relativpronomen einfach weglassen, also einen contact clause bilden. Dann muss die Präposition am Ende stehen.

Beispiele:
That's the town I have told you **about**.
Here's the book you've been looking **for**.

9 Indirekte Rede

QUICK-FINDER

9.1 Grundlagen

Die indirekte Rede ermöglicht es, wiederzugeben, was jemand sagt oder gesagt hat. Dabei ist zu beachten, zu welchem Zeitpunkt und aus welcher Sichtweise eine Äußerung in der indirekten Rede berichtet wird.

Unterschiede Englisch – Deutsch

Im Deutschen werden indirekte Äußerungen mit dem Konjunktiv ausgedrückt. Die englische Sprache verfügt über diese Möglichkeit nicht.

Beispiele:	
direkte Rede	**indirekte Rede**
Sally: "You mustn't rely on Bill." *Sally: „Du darfst dich nicht auf Bill verlassen."*	Sally has told Bob that he **mustn't rely** on Bill. *Sally hat Bob erzählt, dass er sich nicht auf Bill verlassen* ***dürfe*****.**

Hinweis: Da es sich bei der indirekten Aussage um eine notwendige Ergänzung handelt, steht vor *that* im Englischen kein Komma!

Stil

Achte darauf, indirekte Äußerungen nicht immer nur mit dem Verb *say* einzuleiten. Verben wie *admit, ask, answer, apologise, argue, complain, inform, prove, regret, show* und *tell* können viel ausdrucksstärker formulieren, wie eine Äußerung gemeint ist oder war.

Beispiele:	
direkte Rede	**indirekte Rede**
Mrs McNamara: "I didn't tell you the truth."	Mrs McNamara **admits** that she didn't tell him the truth.
Joey: "Dad is never here when you need him."	Joey **complains** that his dad is never there when he needs him.
The English teacher: "The next vocabulary test will be more difficult."	The English teacher **informs** the pupils that the next vocabulary test will be more difficult.

9.2 Zeitverschiebung

Einführungssatz in der Gegenwart

Regel: Steht das **Verb im Einführungssatz im simple present** oder **present perfect**, wird die indirekt wiedergegebene Äußerung ohne Veränderung der Zeit angehängt. Es findet also **keine Zeitverschiebung** statt!

Beispiele:	
direkte Rede	**indirekte Rede**
Bob: "Mr Jones took the wrong train."	Bob says that **Mr Jones took the wrong train.**
Harry: "Dave is late!"	Harry has complained that **Dave is late.**

Einführungssatz in der Vergangenheit

Lern-Video
www.sofatutor.com/klett/54

Regel: Steht das **Verb im Einführungssatz im simple past** (*she said, Sam told me* etc.) bzw. **past perfect**, hat dies eine **Rückverschiebung der Zeit** (backshift of tenses) zur Folge.

Beispiele:

direkte Rede		indirekte Rede
simple present: Tom: "I come home."	→	simple past: Tom said that he came home.
present perfect: Tom: "I have come home."	}	
simple past: Tom: "I came home."	→ }	past perfect: Tom said that he had come home.
past perfect: Tom: "I had come home."	}	
will-future: Tom: "I will come home."	→	conditional: Tom said that he would come home.
conditional: Tom: "I would come home."	→	conditional perfect: Tom said that he would have come home.

Hinweis: Das past perfect der direkten Rede bleibt in der indirekten Rede unverändert, da es nicht weiter in die Vorvergangenheit verschoben werden kann.

Achtung: Beim **going to-future** ist die Präsensform von *be* entscheidend: Die indirekte Form von *am/is/are going to* ist also *was/were going to.*

Beispiel:	
direkte Rede	**indirekte Rede**
Naomi: "I **am going to send** him an e-mail."	Naomi said she **was going to send** him an e-mail.

Zeitverschiebung bei den progressive-Zeiten

Die progressive-Zeiten werden entsprechend den Regeln der einfachen Zeiten in die Vergangenheit verschoben.

Beispiele:	
direkte Rede	**indirekte Rede**
Ben: "We are watching football."	Ben told him that they **were watching** football.
Louis: "I have been learning my vocabulary for an hour."	Louis complained that he **had been learning** his vocabulary for an hour.
Rita: "We were doing our best."	Rita argued that she **had been doing** her best.
Paula: "We had been going out for a year."	Paula said that they **had been going out** for a year.

Modalverben

Can und *may*

Regel: Für diese Modalverben gibt es natürliche Formen, die bei der Wiedergabe in der indirekten Rede benutzt werden können.

Beispiele:	
direkte Rede	**indirekte Rede**
Sarah: "**Can** you come to my party on Saturday? You **may** also bring along some friends."	Sarah asked whether I **could** come to her party on Saturday. She told me that I **might** also bring along some friends.

Must und *needn't*

Regel: *Must* und *needn't* haben nur eine Präsensform, so dass bei einer Zeitverschiebung vielfach ihre Ersatzformen (*have to* bzw. *do not have to*) herangezogen werden.

Beispiele:	
direkte Rede	**indirekte Rede**
Nora: "You **must** tell him that I love him."	Nora begged me that I **had to** tell him that she loved him.
Rose: "I **needn't** tell him because he already knows that."	Rose said that she **didn't have to** tell him because he already knew that.

Could, should, would, might

Regel: Die Modalverben *could, should, would* und *might* bleiben in der indirekten Rede unverändert.

9.3 Indirekte Fragen

Bei Fragen in der indirekten Rede verändert sich nicht nur die Zeit, sondern auch die Satzstellung.

Fragen mit Fragewort

Regel: Hier übernimmst du das Fragewort in die indirekte Frage.

Beispiele:

direkte Rede	indirekte Rede
Mum: "When are you going to be back?"	Mum asked **when I was going to be back.**
Doris: "How old are you?"	Doris wanted to know **how old he was.**

Besonders wichtig:
Die Satzstellung bei indirekten Fragen

Aus der normalen Satzstellung der Frage in der direkten Rede wird bei der Wiedergabe als indirekte Frage die Wortstellung eines Aussagesatzes: Subjekt – Prädikat – Objekt (S – P – O). Dass es eine Frage ist, erkennst du an dem Verb des Einführungssatzes (z. B. *ask, want to know*) und dem Fragewort.

	Fragewort	Hilfsverb	Subjekt	Verb	Objekt
Mary	"Why	didn't	you	phone	me?"
Mary asked	why		her friend	hadn't phoned	her.

Entscheidungsfragen

Regel: Entscheidungsfragen haben kein Fragewort. Daher muss man zu Beginn der indirekten Frage *if* oder *whether* (ob) einfügen, um zu verdeutlichen, dass es sich um eine Frage handelt. Denn auch hier wird die indirekte Frage mit der Satzstellung S – P – O wiedergegeben.

Beispiele:

direkte Rede	indirekte Rede
Kevin: "Is there anybody at home?" *Kevin: „Ist jemand zu Hause?“*	Kevin asked **whether there was anybody at home.** *Kevin fragte, ob jemand zu Hause sei.*
Susan: "Can you give me a lift?" *Susan: „Kannst du mich mitnehmen?“*	Susan asked Paul **if he could give her a lift.** *Susan fragte Paul, ob er sie mitnehmen könne.*

9.4 Indirekte Aufforderungen

Regeln:

- Bei Aufforderungen, Anweisungen sowie Vorschlägen wird aus der Befehlsform eine Infinitivkonstruktion mit *to*.
- Bei verneinten Befehlsformen setzt man *not* unmittelbar vor *to*.

Dies gilt für alle Zeiten, so dass du dich um die sonst übliche Zeitverschiebung in der indirekten Rede nicht kümmern musst.

Beispiele:	
direkte Rede	**indirekte Rede**
The teacher: "Stop talking!" *Der Lehrer: „Hört auf zu reden!"*	The teacher **told us to stop** talking. *Der Lehrer forderte uns auf, mit dem Reden aufzuhören.*
Bob to his little sister: "Don't do that again!" *Bob zu seiner kleinen Schwester: „Mach das nicht nochmal!"*	Bob **warned** his little sister **not to do** that again. *Bob warnte seine kleine Schwester, das nicht nochmal zu tun.*

Hinweis: Befehlsformen können unterschiedlich streng oder verbindlich gemeint sein. Sie können richtige Befehle ausdrücken, aber auch als freundliche Aufforderung bzw. Hinweis zu verstehen sein.
Je nach Bedeutung kannst du *order, command, tell, warn, ask* oder *advise* im Einführungssatz verwenden. *Order* wirkt in dieser Reihe von Verben am strengsten, *advise* eignet sich für Ratschläge und Hinweise.

9.5 Orts- und Zeitangaben

Regel: Orts- und Zeitangaben müssen verändert werden, wenn sich der Blickwinkel darauf bis zum Zeitpunkt der Wiedergabe verschoben hat.

Ortsangaben

direkte Rede	indirekte Rede
here in this town at these places	there in that town at those places

Zeitangaben

Lern-Video
www.sofatutor.com/klett/55

direkte Rede	indirekte Rede
today tonight this week/month now at the moment	that day that night that week/month then at that moment
yesterday last night/week two ... days/weeks ago	the day before the day/week before two ... days/weeks before
tomorrow next week	the following day the following week

Lehrer-Tipp: Wann verschiebe ich Ort und Zeit?

„Ersetze nicht einfach kritiklos nach den Tabellen oben, sondern überlege zuerst, wann und wo gesprochen wird: Wenn du am Abend sagen willst, dass dir jemand am Morgen sagte *I'll see you* ***here tomorrow***, sagst du *He said he would see me* ***here tomorrow***. Berichtest du die Aussage aber an einem späteren Tag und anderen Ort, sagst du logischerweise *He said he would see me* ***there the following day***."

Moritz Berger, Gymnasiallehrer in Hannover

10 Zahlen, Datum, Uhrzeit

QUICK-FINDER

10.1 Zahlen

Man unterscheidet Grundzahlen und Ordnungszahlen.

Grundzahlen

Regel: Die Zahlen von 13 bis 19 enden auf *-teen*, die Zahlen von 20 bis 90 auf *-ty*.

1	one	13	thirteen	30	thirty
2	two	14	fourteen	40	forty
3	three	15	fifteen	50	fifty
4	four	16	sixteen	60	sixty
5	five	17	seventeen	70	seventy
6	six	18	**eighteen**	80	**eighty**
7	seven	19	nineteen	90	ninety
8	eight	20	twenty	100	one/a hundred
9	nine	21	twenty-one	101	one hundred **and** one
10	ten	22	twenty-two		
11	eleven	23	twenty-three		
12	twelve				

Lehrer-Tipp: Schreibweise der Grundzahlen

„Kleine Striche und Wörter bereiten manchmal große Probleme. Am besten merkst du dir folgende drei Regeln:

- Zwischen Zehnern und Einern steht ein **Bindestrich**: *twenty-one, fifty-two, ninety-nine*,
- vor *hundred* steht immer der unbestimmte Artikel oder ein Zahlwort: *a hundred, two hundred*,
- bei Zahlen über 100 steht vor Zehnern und Einern *and: two hundred and ten, three hundred and thirty-six.*“

Elisabeth Maier, Gymnasiallehrerin in Bremen

Ordnungszahlen

Regeln:

- Ordnungszahlen werden für das Datum, für Jahreszahlen und die Uhrzeit verwendet und mit der Endung *-th* gebildet.
- Ausnahmen bilden die ersten drei: *first, second, third* und ihre zusammengesetzten Formen, z. B. *twenty-first*.
- Bei den Zehnerzahlen 20, 30, 40 … 90 wird das *-y* am Ende durch ein *-ie* ersetzt.

1st	**first**	16th	sixteenth
2nd	**second**	17th	seventeenth
3rd	**third**	18th	**eighteenth**
4th	fourth	19th	nineteenth
5th	**fifth**	20th	twentieth
6th	sixth	21st	twenty-first
7th	seventh	22nd	twenty-second
8th	**eighth**	23rd	twenty-third
9th	**ninth**	30th	thirtieth
10th	tenth	31st	thirty-first
11th	eleventh	40th	fortieth
12th	twelfth	100th	hundredth
13th	**thirteenth**	250th	two hundredth and fiftieth
14th	fourteenth		
15th	**fifteenth**	1000th	thousandth

10.2 Datumsangaben

Bei Datum und Jahreszahlen kommen Grund- und Ordnungszahlen zur Anwendung. Die Aussprache weicht häufig von der Schreibweise ab.

Die Schreibung des Datums

Bei der Angabe von Monat und Tag gibt verschiedene Varianten.

Beispiele:	
britisch	amerikanisch
12 May 2010 12th May 2010	May 12, 2010 May 12th, 2010

Besonders wichtig: Die Aussprache des Datums

Egal, ob du Tag oder Monat zuerst nennst, beim Datum sprichst du Wörter aus, die nicht geschrieben werden.

Beispiele:	
Du schreibst:	My birthday is on April 10th.
Du sprichst:	"My birthday is on April **the** tenth."
Du schreibst:	My birthday is on 10th April.
Du sprichst:	"My birthday is on **the** tenth **of** April."

Hinweis: Im Amerikanischen steht immer erst der Monat, dann der Tag. *Nine-eleven* ist also der 11.9.!

Regeln:

- Bei den Jahren 01 bis 09 wird die Null wie der Laut [o] ausgesprochen: *1907* ➤ *nineteen-"oh"-seven.*
- Für die 2000er Jahre setzt du *and* ein: *2009* ➤ *two thousand and nine.*
- Jahreszahlen werden häufig in Zehnerschritten genannt: *1066* ➤ *ten sixty-six, 1945* ➤ *nineteen forty-five.*

10.2 Uhrzeit

Lern-Video
www.sofatutor.com/klett/56

Regeln:

- Im Englischen zählt man die Stunden nur von eins bis zwölf (nicht bis 24!).
- Die Zeit von Mitternacht bis 12 Uhr mittags bezeichnet das Kürzel *a.m.* (lat. *ante meridiem* = vor Mittag): *11 a.m.* (11 Uhr).
- Für die Zeiten von 12 Uhr mittags bis Mitternacht verwendet man *p.m.* (lat. *post meridiem* = nach Mittag): *11 p.m.* (23 Uhr).
- Volle Stunden werden im Englischen mit *o'clock* bezeichnet: *five o'clock* (fünf Uhr oder siebzehn Uhr).

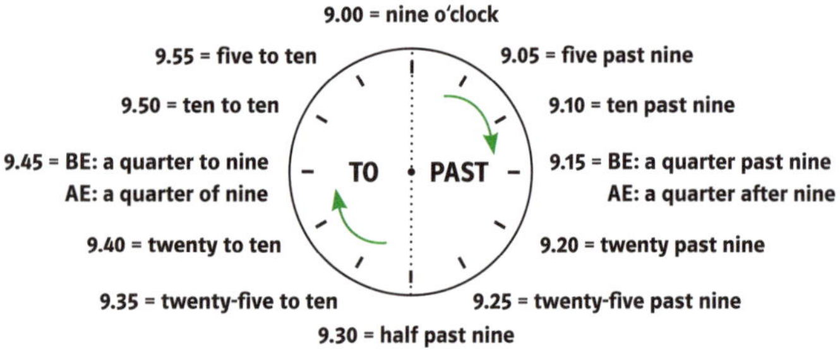

Hinweise:

- Die Viertelstunden werden mit *quarter past* (nach) bzw. *to* (vor) bezeichnet. Die halbe Stunde ist *half past.*
- Fünfminütige Zeitabstände werden in der Regel ohne *minutes* ausgedrückt, z.B. *five past one, ten to five.* Bei allen anderen Minutenangaben muss *minutes* stehen.
- Oft wird die Minutenzahl – vor allem bei Ansagen – ohne Zusätze einfach nach der Stunde genannt.

Beispiele:

10.15 ➤ ten fifteen
9.04 ➤ nine "oh" four
18.56 ➤ four minutes to seven
13.11 ➤ eleven minutes past one

Vorvergangenheit

Zeit	past perfect progressive	past perfect	past progressive
Gebrauch	Handlungen, die in der Vorvergangenheit angefangen hatten und in der Vergangenheit noch andauerten	vorzeitige Handlungen, die in der Vergangenheit bereits beendet waren	Handlungen, die zum Zeitpunkt des Sprechens in der Vergangenheit noch andauerten
Aktiv	Sheila **had been writing** Tom a love letter.	Sheila **had written** a love letter.	While Sheila **was writing** Tom a love letter, the telephone rang.
Passiv		A love letter **had been written** to Tom.	A love letter **was being written** to Tom when …
Signalwörter	for, since	after, before	while, when

Vergangenheit → **Gegenwart**

simple past	present perfect progressive	present perfect
abgeschlossene Handlungen in der Vergangenheit	Handlungen, die in der Vergangenheit begonnen haben und in der Gegenwart noch andauern	Handlungen, die in der Vergangenheit begonnen haben und in der Gegenwart noch andauern
Sheila **wrote** Tom a love letter.	Sheila **has been writing** a love letter.	Sheila **has written** Tom a love letter.
A love letter **was written** to Tom.		A love letter **has been written** to Tom.
yesterday, last (week/month), (a year) ago	for, since	never, ever, already, just, (not) … yet

Gegenwart → **Zukunft**

Zeit	present progressive	simple present	going-to-future
Gebrauch	Handlungen, die im Augenblick des Sprechens in der Gegenwart noch nicht vorüber sind	wiederholte, regelmäßige Handlungen in der Gegenwart; allgemeine Behauptungen	geplante Handlungen in der Zukunft; Anzeichen sind bereits gegeben
Aktiv	Sheila **is writing** Tom a love letter.	Sheila never **writes** Tom love letters.	Sheila **is going to write** Tom a love letter.
Passiv	A love letter **is being written** to Tom.	A love letter **is written** to Tom.	
Signalwörter	now, at the moment, this (morning/afternoon), today	seldom, always, never, usually, every (morning)	

Zukunft **Zukunft**

will-future	future progressive	future perfect
zukünftige Ereignisse, die unabhängig von Plänen sind; Erwartungen, Hoffnungen, Voraussagen	in der Zukunft andauernde Handlungen	Handlungen, die zu einem Zeitpunkt in der Zukunft abgeschlossen sein werden
Sheila **will write** Tom a love letter.	Sheila **will be writing** Tom a love letter.	Sheila **will have written** Tom a love letter.
A love letter **will be written** to Tom.		A love letter **will have been** written to Tom.
einleitende Wörter: expect, believe, hope, probably		by (tomorrow), until (Christmas), before (lunch)

Infinitiv	simple past	past participle	Bedeutung
be	was	been	sein
beat	beat	beat	schlagen
become	became	become	werden
begin	began	begun	beginnen
bend	bent	bent	(sich) bücken, biegen
blow	blew	blown	blasen, wehen
break	broke	broken	brechen
bring	brought	brought	bringen
build	built	built	bauen
burn	burned/burnt	burned/burnt	brennen
buy	bought	bought	kaufen
cast	cast	cast	eine Rolle besetzen
catch	caught	caught	fangen
choose	chose	chosen	auswählen
come	came	come	kommen
cost	cost	cost	kosten
cut	cut	cut	schneiden
do	did	done	tun, machen
draw	drew	drawn	zeichnen
dream	dreamed/ dreamt	dreamed/ dreamt	träumen
drink	drank	drunk	trinken
drive	drove	driven	fahren

Infinitiv	simple past	past participle	Bedeutung
eat	ate	eaten	essen
fall	fell	fallen	fallen
feed	fed	fed	füttern
fight	fought	fought	kämpfen
find	found	found	finden
fly	flew	flown	fliegen
forget	forgot	forgotten	vergessen
freeze	froze	frozen	(ge)frieren
get	got	got	bekommen
give	gave	given	geben
go	went	gone	gehen
grow	grew	grown	wachsen
hang	hung	hung	hängen
have	had	had	haben
hear	heard	heard	hören
hide	hid	hidden	verstecken
hit	hit	hit	schlagen
hold	held	held	halten
hurt	hurt	hurt	verletzen
keep	kept	kept	(be)halten
know	knew	known	wissen, kennen
lay	laid	laid	legen
lead	lead	lead	führen
learn	learned/ learnt	learned/ learnt	lernen

Infinitiv	simple past	past participle	Bedeutung
leave	left	left	(ver)lassen
lend	lent	lent	verleihen
let	let	let	lassen
lie	lay	lain	liegen
light	lit	lit	anzünden
lose	lost	lost	verlieren
make	made	made	machen, tun
mean	meant	meant	meinen, bedeuten
meet	met	met	treffen
pay	paid	paid	zahlen
put	put	put	setzen, stellen, legen
read	read	read	lesen
ride	rode	ridden	fahren, reiten
ring	rang	rung	klingeln, anrufen
run	ran	run	rennen
say	said	said	sagen
see	saw	seen	sehen
sell	sold	sold	verkaufen
send	sent	sent	schicken
shake	shook	shaken	zittern
shoot	shot	shot	schießen
show	showed	shown	zeigen
sing	sang	sung	singen

Infinitiv	simple past	past participle	Bedeutung
sink	sank	sunk	sinken, untergehen
sit	sat	sat	sitzen
sleep	slept	slept	schlafen
speak	spoke	spoken	sprechen
spend	spent	spent	verbringen, ausgeben
stand	stood	stood	stehen
steal	stole	stolen	stehlen
swim	swam	swum	schwimmen
take	took	taken	nehmen
teach	taught	taught	lehren
tell	told	told	erzählen
think	thought	thought	denken
throw	threw	thrown	werfen
understand	understood	understood	verstehen
wake (up)	woke (up)	woken (up)	aufwachen, wecken
wear	wore	worn	tragen (Kleidung)
win	won	won	gewinnen
write	wrote	written	schreiben